中国金融发展对
对外直接投资的影响研究

ZHONGGUO JINRONG FAZHAN DUI
DUIWAI ZHIJIE TOUZI DE YINGXIANG YANJIU

杨 巧 著

西南财经大学出版社
Southwestern University of Finance & Economics Press
中国·成都

图书在版编目(CIP)数据

中国金融发展对对外直接投资的影响研究/杨巧著.—成都:西南财经大学出版社,2021.9

ISBN 978-7-5504-5070-7

Ⅰ.①中… Ⅱ.①杨… Ⅲ.①金融事业—经济发展—影响—对外投资—直接投资—研究—中国 Ⅳ.①F832

中国版本图书馆 CIP 数据核字(2021)第 188776 号

中国金融发展对对外直接投资的影响研究

杨巧 著

策划编辑:李晓嵩
责任编辑:高小田
责任校对:雷静
封面设计:何东琳设计工作室
责任印制:朱曼丽

出版发行	西南财经大学出版社(四川省成都市光华村街 55 号)
网 址	http://cbs.swufe.edu.cn
电子邮件	bookcj@swufe.edu.cn
邮政编码	610074
电 话	028-87353785
照 排	四川胜翔数码印务设计有限公司
印 刷	四川五洲彩印有限责任公司
成品尺寸	170mm×240mm
印 张	12
字 数	200 千字
版 次	2021 年 9 月第 1 版
印 次	2021 年 9 月第 1 次印刷
书 号	ISBN 978-7-5504-5070-7
定 价	88.00 元

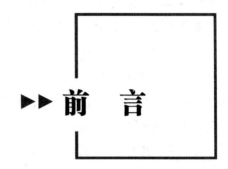

▶▶ 前　言

自 2000 年中国"走出去"战略提出以来，越来越多的中国企业纷纷走出去，到海（境）外投资，中国对外直接投资规模增长迅速，从一个引资大国逐渐转变为对外投资大国。2013 年，中国又提出了"一带一路"倡议，之后中国政府积极推动"一带一路"建设，稳步开展国际产能合作，不断完善"走出去"工作体系，中国企业融入全球化的步伐加快。2016 年，中国对外直接投资（OFDI）流量创下 1 961.5 亿美元的历史新高，同比增长了 34.7%。2018 年中国对外直接投资流量为 1 430.4 亿美元，同比下降 9.6%，但占当年全球对外直接投资流量的比重上升至 14.1%。2018 年末，中国对外直接投资存量达到 19 822.7 亿美元，位居全球第三。

中国虽然已经成为资本输出大国，但是相对于自身经济总量而言仍然偏低，在对外直接投资存量上与美国等发达国家还有一定的差距。2018 年末中国对外直接投资存量约 1.98 万亿美元，而美国在 2018 年末对外直接投资存量达到近 6.5 万亿美元，中国只有美国的 30%。部分学者研究认为，我国对外直接投资显著低于发达国家的一个重要原因可能就是金融发展水平较低。企业在对外直接投资过程中需要大量的融资，而且对外直接投资比国内投资面临着更大的投资风险。解决对外直接投资企业的融资问题，降低投资风险，必须依靠成熟发达的金融市场。但是我国作为一个发展中国家，目前的金融市场还不够发达，金融抑制特征较明显，势必会影响到企业对外直接投资。

本书在第一章全面梳理和评述金融发展和对外直接投资研究文献的基础上，在第二章分析了金融发展影响对外直接投资的理论及机理，并在第三章对中国金融发展和对外直接投资的演进进行了细致考察，接着在第四章至第七章实证分析了金融发展对对外直接投资的影响。

在第四章，本书从跨国层面实证考察金融发展对对外直接投资的现实影响。本章从金融规模和金融效率两个层面构建了衡量跨国样本金融发展的指标，其中金融规模指标包括股票市值占国内生产总值（GDP）的比重和保险公司资产占 GDP 的比重；金融效率指标包括私人部门信贷占 GDP 的比重以及银行信贷占银行存款的比例（存贷比）。在此基础上，本书利用全球 88 个国家的跨国面板数据，采用静态和动态面板回归方法检验了金融发展对对外直接投资的影响。静态回归结果表明：金融规模对对外直接投资没有显著影响，金融效率的提高会促进对外直接投资规模的扩大。动态面板回归结果显示：除了金融效率之外，金融规模中的股票市值占 GDP 的比重也对对外直接投资有显著的正向影响。接着，我们将 88 个国家划分为发达国家和发展中国家分别进行检验，检验结果发现：对于发达国家来说，金融规模和金融效率都促进了其对外直接投资；对于发展中国家来说，金融效率促进了其对外直接投资，而金融规模的影响不显著。

在第五章，本书主要基于中国国家层面和"一带一路"视角分析了中国金融发展对中国向"一带一路"沿线国家直接投资的影响。本书从金融规模、金融结构和金融效率三个层面构建了七个具体反映中国省际金融发展的指标，其中金融规模指标包括金融机构本外币贷款占 GDP 的比重、股票市值占 GDP 的比重以及保险公司保费收入占 GDP 的比重；金融结构指标包括直接融资额占社会融资总额的比重以及直接融资额与间接融资额之比；金融效率指标包括非国有企业贷款占比以及金融机构存贷比。接着本书利用"一带一路"沿线 57 个国家的面板数据实证分析了中国金融发展对中国向"一带一路"沿线国家直接投资的影响。通过动态面板模型的实证分析，本书得出了中国金融规模和金融效率即金融机构本外币贷款占 GDP 的比重和私人部门贷款占比增加均有助于扩大中国对沿线国家的直接投资，而金融结构对中国向"一带一路"沿线国家直接投资的影响不显著的结论。此外，本章在验证了中国金融发展和中国对"一带一路"沿线国家的直接投资存在线性关系的基础上，利用门限回归模型对两者之间的非线性关系进行了检验。本书以"一带一路"沿线国家的人均 GDP 和中国人均 GDP 的差额再除以中国的人均 GDP 作为门限变量以考察中国金融发展对中国向"一带一路"沿线各国的直接投资是否受到中国与沿线各国经济发展差异因素的影响。检验结果表明，中国金融发展对中国向"一带一路"沿线国家的直接投资具有双门限效应。如果中国与"一带一路"沿线国家的经济发展差距越大，那么中国金融发展对中国向"一带一路"沿线国家直接投资的促进作用就越小，当差距大到一定程度，中国金融发展反而会对"一带一路"沿线国家的直接投资有一定的抑制作用。当前大部分"一带一路"沿线国家都处在门限的第一区间，也就是说中国金融发展能显著促进自身对"一带一路"沿线绝大部分国家的直接投资。同时，检验结果也表明，中国对"一带一路"国家的直接投资不具有明显的市场寻求动机。

在第六章，本书主要从中国省际层面分析了金融发展对对外直接投资的影响。首先本书从金融规模、金融结构和金融效率三个层面构建了七个具体反映中国省际金融发展的指标，其中金融规模指标包括金融机构本外币贷款占 GDP 的比重、股票市值占 GDP 的比重以及保险公司保费收入占 GDP 的比重；金融结构指标包括直接融资额占社会融资总额的比重以及直接融资额与间接融资额之比；金融效率指标包括非国有企业贷款占比以及金融机构存贷比。接着本书利用中国 30 个省（自治区、直辖市）及港澳台地区（未包括西藏）的面板数据分别使用非空间普通面板回归方法和空间面板回归方法检验了金融发展对对外直接投资的影响。然后又将 30 个省（自治区、直辖市）划分为东部地区和中西部地区分别进行回归，从回归结果来看，金融规模指标中的金融机构本外币贷款占 GDP 的比重显著促进了对外直接投资，而股票市值占 GDP 的比重及保险公司保费收入占 GDP 的比重对对外直接投资没有显著影响；金融结构没有显著影响对外直接投资；金融效率指标中，非国有企业贷款占比显著促进了各地区对外直接投资，而金融机构存贷比对对外直接投资的影响不显著，省际总体样本的检验结果与前文中发展中国家的检验结果是基本一致的。从分地区样本回归结果来看，东部地区的回归结果与省际总体样本一致，而中西部地区的金融发展指标都不显著，也就是说中西部地区金融发展对其对外直接投资没有显著的影响。

在第七章，本书从区域视角，以长江经济带为例，利用长江经济带的面板数据，建立了动态空间面板模型，基于金融规模、结构和效率三重视角，实证考察了金融发展对对外直接投资的影响。结果发现：金融规模中的金融机构本外币贷款占 GDP 的比重显著促进了对外直接投资，但是股票市值占 GDP 的比重和保费收入占 GDP 的比重对对外直接投资的影响不显著；金融结构中的直接融资占社会融资总额的比重和直接融资与间接融资之比对对外直接投资的影响均不显著；金融效率中的非国有部门贷款占比和金融机构存贷比都显著促进了对外直接投资。

在第八章，基于前面的理论和实证分析，本书提出了中国加快金融发展以促进对外直接投资的政策建议。

杨巧

2021 年 8 月

►► 目 录

中国金融发展对对外直接投资的影响研究

· 2 ·

1 | 绪 论

1.1 研究背景与意义

1.1.1 研究背景

第一，近年来，中国对外直接投资增长迅猛，中国已经逐渐从引资大国转变为对外投资大国。随着中国改革开放的不断深入，中国的经济实力和综合国力日益增强。为了更好地利用国内国外两个市场、两种资源，发展同世界各国平等互利的经济合作，中央在"引进来"的基础上，于 2000 年提出了"走出去"战略。自"走出去"战略提出以来，越来越多的企业纷纷走出去，到海（境）外投资，中国对外直接投资规模增长迅速，从一个引资大国逐渐转变为对外投资大国。2013 年中国提出了"一带一路"倡议，随后中国政府不断加大对"一带一路"建设的支持力度，积极开展与沿线各国的贸易投资合作，为中国企业"走出去"创造了良好的条件，中国企业也面临着前所未有的机遇。2015 年中国在全球 OFDI 流量排名中居第二位，比上一年上升了一个位次，创造了新的历史纪录。不仅如此，中国对外直接投资水平首次超过吸引外商直接投资水平，成为资本净输出国。"十二五"期间，我国对外直接投资规模是"十一五"时期的 2.3 倍。2016 年，在全球对外直接投资增长动力减弱，对外直接投资流量下降 2% 的背景下，中国对外直接投资流量在当年创下 1 961.5 亿美元的历史新高，同比增长 34.7%，继续保持了资本净输出国的地位。截至 2018 年年末，中国 OFDI 存量达到 19 822.7 亿美元，是 2002 年年末的 66.3 倍。中国对外直接投资存量占全球对外直接投资存量的比重由 2002 年的 0.4% 上升到 2018 年的 6.4%，对外投资存量在全球的位次由 2003 年的第 25 位跃至 2018 年的第三位。《2018 年度中国对外直接投资统计公报》统计数据显示，截至 2018 年年末，中国 24 000 多家企业已经在全球 188 多个国家（地区）设立了 37 000 多家企业。随着"一带一路"倡议的进一步推进，未来我国的对外直接投资还有巨大的潜力和发展空间。

第二，中国虽然已经成为资本输出大国，但是相对于自身经济总量而言这一比例仍然不高，在对外直接投资存量上与美国等发达国家还有一定的差距。相关统计数据显示，2018 年年末中国对外直接投资存量为 1.98 万亿美元，居世界第三位。对比世界主要发达国家，美国在 2018 年对外直接投资存量达到 6.47 万亿美元，其对外直接投资存量占全球总量的 20%。由此可见，中国的对外直接投资存量与美国相比差距较大，与排名第二位的荷兰在投资存量上虽然差距不算太大，但是相对于自身经济总量来讲还是存在较大差距。我国对外直接投资显著低于发达国家的一个重要原因可能就是金融发展水平（王伟等，2013；杜思正，2016）。

第三，作为中国首倡和高层推动的国家级倡议，"一带一路"倡议为中国企业对外直接投资提供了黄金机遇。2013 年，中国国家主席习近平发起了"一带一路"倡议，"一带一路"包含的地域范围十分广泛，跨越了亚洲、欧洲和非洲三个大洲，覆盖总人口约 46 亿（超过世界人口的 60%），GDP 总量达 20 万亿美元（约占全球 1/3），对于中国企业"走出去"意义重大。"一带一路"的建设重点包括：政策沟通、设施联通、贸易畅通、资金融通和民心相通。"一带一路"建设的重中之重就是要加强沿线各国的投资合作与贸易合作，而加强沿线国家间的贸易与投资合作的关键在于为贸易和投资提供便利条件，加快投资贸易便利化进程，实现沿线各国贸易投资渠道的畅通。2018 年中国企业对"一带一路"相关国家的投资流量为 178.9 亿美元，占当年流量总额的 12.5%。与此同时，截至 2018 年年末，中国对沿线国家的投资存量也达到 1 727.7 亿美元的历史新高，占中国对外直接投资存量的 8.7%。自"一带一路"倡议提出以来，中国对"一带一路"沿线国家的 OFDI 逐年增长，占中国对外直接投资总量的比重逐年上升，随着"一带一路"倡议的进一步深入推进，中国企业将会面临更多的投资机遇。同时，为了顺利推进"一带一路"倡议，实现沿线国家之间在资金上的融通也非常关键，要继续加强沿线国家之间在金融领域的合作，比如推动亚洲债券市场的开放和发展，推动统一稳定的货币体系的形成等。2014 年 10 月和 11 月，亚洲基础设施投资银行（简称"亚投行"）和丝路基金先后成立，同时，国家开发银行等政策性金融机构也对"一带一路"建设起到了积极的推动作用。这些金融支持体系的建立为"一带一路"国家的金融合作、贸易投资合作以及互联互通提供了良好的资金保障。但是，这些金融机构还在起步建设阶段，对沿线的投资还难以实现全部覆盖，仅仅依靠亚洲基础设施投资银行及丝路基金难以满足企业的融资需求，因此我国的企业获取融资的主要途径还是国内的金融支持。国内金融发展的水平在很大程度上影响着企业的对外直接投资。

第四，企业在对外直接投资过程中需要大量的融资，同时还面临着一些投资风险。解决企业的融资问题，降低投资风险，必须依靠发达的金融市场。与国内投资相比，企业"走出去"需要更多资本投入，尤其是那些固定投资高、资金回笼慢的投资项目，面临着更大的投资风险，对充足资金保障的需求更加迫切，因此，融资约束是制约企业开展 OFDI 的一个关键因素。同时，对外直接投资还面临着信息不对称和投资收益不确定等问题，而金融机构不仅能够解决企业对外直接投资中的融资约束，还能通过一些金融保险公司、保理公司等帮助企业分散投资风险，解决或者减少投资过程中的信息不对称问题。因此，企业 OFDI 需要成熟发达的金融市场。

第五，中国当前的金融市场还不够发达，存在典型的金融抑制现象。改革开放以来，我国金融市场发展迅速，取得了一系列的令人瞩目的发展成绩。目前我国已形成了一个由中国人民银行发挥宏观调控功能，国有商业银行、城市商业银行、农村商业银行、新型商业银行等为主体，政策性银行、非银行金融机构、外资金融机构等相互补充，货币市场、股票市场和债券市场协同发展的多元化和多层次的金融市场体系。但是我国作为一个发展中国家，目前的金融市场还不够发达，中国长期以来的利率管制和资本管制政策使得基准贷款利率低于市场利率，人为压低了资本成本。在政府对金融机构施加政治影响的背景下，以四大国有商业银行为主导的间接融资体系在提供信贷时更偏向国有企业（王勋，2013），同时政府通过金融市场的管制保证特定企业上市融资，使国有企业能够比较容易地获得廉价资本（Child et al.，2005），而民营企业在融资时却面临很多困难。这种人为干预金融市场的行为导致资本市场价格扭曲，一定程度抑制了中国企业对外直接投资的步伐。

1.1.2 研究意义

1.1.2.1 理论意义

第一，从金融的角度来探讨对外直接投资的推动因素。从本质上讲，对外直接投资本身就是一种国际资本流动方式，学术界从各个角度研究了影响对外直接投资的因素，比如有学者发现 GDP 增速、出口和外汇储备等促进了中国 OFDI 的增长（徐静，2011），也有学者认为制度因素显著影响了企业对外直接投资（冀相豹，2014；Kolstad et al.，2012），还有学者则分析发现汇率水平和汇率波动影响了中国 OFDI（项本武，2009；赵明亮，2017）。那么，在影响对外直接投资的众多因素中，金融发展无疑是一个非常重要的因素，金融是现代经济的核心，国际直接投资作为经济全球化中的重要环节，必定受到金融发展的影响。首先，企业在对外直接投资过程中离不开大量的资金保障，而一国金融发展的水平则直接决定了企业融资的难易程度以及融资的数量，由此影响到企业对外直接投资的决策。其次，企业在对外直接投资的过程中也需要一些风险保障来分散它们投资的风险，成熟的金融市场通过金融公司、保险公司能够给企业提供相关的保险，降低了对外直接投资的风险，增加了企业对外直接投资。

第二，对中国"一带一路"扩大对外开放战略和鼓励本国企业"走出去"战略形成有益的补充。2004—2018 年，我国对"一带一路"沿线国家的对外直接投资额从 2.41 亿美元增长至 178.9 亿美元，年均增长 44.91%，可见中国对"一带一路"沿线国家的投资潜力巨大。研究中国金融发展如何影响企业对外直接投资，对中国的"一带一路"倡议和企业"走出去"战略形成了有益补充。

1.1.2.2 实践意义

第一，为金融支持中国企业"走出去"提供一些政策参考。中国近年来对外投资增长迅猛，虽然说已经逐渐成为一个对外投资大国，但是中国企业"走出去"还在不断摸索阶段，经验不足，对外投资过程中面临着融资约束、风险和信息不对称等问题，为了解决这些问题，引导企业更好地"走出去"，金融市场的发展和建设将是未来建设的重中之重。因此研究金融发展影响对外直接投资的机理，提出相关的金融发展的政策来促进企业更好地"走出去"具有重要的实践意义。

第二，为加强中国与"一带一路"沿线国家的金融合作和投资合作，实现互联互通提供一些参考。国家主席习近平在 2014 年 11 月指出，共同建设丝绸之路经济带和 21 世纪海上丝绸之路与互联互通相融相近、相辅相成，要以建设融资平台为抓手，打破亚洲互联互通的瓶颈。目前在中国的倡议下"一带一路"沿线国家加强了金融领域的合作，于 2014 年先后成立了亚洲基础设施投资银行和丝路基金。未来，"一带一路"沿线国家在金融和投资领域的合作会更加深入，对于中国及"一带一路"沿线的其他国家而言，本书的研究对各国的金融发展以及国家之间的金融和投资合作都具有一定的参考价值。

1.2 相关概念的界定

1.2.1 金融发展的概念

虽然金融发展早就引起了学术界的广泛关注，也产生了很多代表性的理论和研究成果，但是迄今对"金融发展"并没有形成一个统一的概念。戈德史密斯（Goldsmith，1969）在其著作《金融结构与金融发展》中首次阐述了"金融发展"的概念，提出"金融发展就是金融结构的变化"的观点。同时，他也指出金融结构就是一国金融工具和金融机构的总和。Mckinnon 和 Shaw（1973）以发展中国家（地区）为研究对象，探讨发展中国家的金融与经济发展之间的关系，分别提出了"金融抑制理论"和"金融深化理论"，统称"金融深化理论"。该理论拓展了金融发展的概念，认为金融发展就是金融深化和金融自由化的过程。Bodie 和 Merton（1993）提出了金融功能理论。该理论认为金融发展通过金融机构和金融市场之间的动态演进不断完善和提高金融体系的功能和效率来影响经济增长。2000 年，Allen 和 Gale 也提出了金融体系是通过提供一定的金融服务来影响经济增长的观点。总的来说，金融功能理论从金融体系的功能和效率的动态演进视角分析了金融发展与经济增长的关系。

国内学者中，白钦先（2003）将金融结构定义为"金融相关要素的组成、相互关系及其量的比例"[①]。他还提出"金融发展就是金融结构演进"的观点，其中演进包含了变化、变迁与提升，也就是包含了质与量两个方面的统一深化。白钦先（2005）又进一步提出了"金融功能的扩展与提升就是金融发展"的金融发展观[②]。

1.2.2 OFDI 的概念

外商直接投资按照投资主客体的区别可以分为吸引直接投资和对外直接投资，在中国学术界，一般将吸引直接投资称为外商直接投资（IFDI），将中国对其他国家的直接投资称为 OFDI。国内外一些机构就对外直接投资的概念进行了解释。国际货币基金组织（IMF）认为，对外直接投资是投资者在本国以外的国家（地区）所经营的企业拥有持续收益并拥有一定经营控制权的投资。联合国贸易和发展会议（UNCTAD）则认为，对外直接投资是一国投资者为了获取长久利益而控制国外企业的一种投资行为。经济合作组织（OECD）给 OFDI 的定义是：投资者对其所处经济体以外的其他经济体进行投资并形成持久权益的行为。2004 年我国商务部和国家统计局在公布的《对外直接投资统计制度》中阐述了对外直接投资的概念：对外直接投资是指我国国内投资者以现金、实物、无形资产等方式在国外及港澳台地区设立、购买国（境）外企业，并以控制该企业的经营管理权为核心的经济活动。本书认为对外直接投资是一国投资者向国外企业输出有形或无形资产以获取国外企业经营管理控制权的行为。

① 白钦先. 以金融资源学说为基础的金融可持续发展理论和战略——理论研究的逻辑 [J]. 金融经济学研究，2003，18（3）：1-6.

② 白钦先. 金融结构、金融功能演进与金融发展理论的研究历程 [J]. 经济评论，2005（3）：39-45.

1.3 文献综述

1.3.1 关于金融发展的研究

戈德史密斯在他的代表作《金融结构与金融发展》一书中提出了"金融发展就是金融结构的变化"的著名观点。近年关于金融发展的文献比较多，学术界尤其关注金融发展与经济增长的关系、金融发展与收入分配差距的关系以及金融发展与出口贸易的关系等。

1.3.1.1 关于金融发展的指标构建

测算金融发展程度的指标主要有戈氏指标和麦氏指标，Goldsmith（1969）提出戈氏指标（FIR）是用某一时期内金融资产的价值总和占经济总量的比重，如现金、金融机构存款余额、金融机构贷款余额、股票市值、债券余额以及保险机构保费收入等金融资产占国内生产总值的比例来反映金融发展水平。而 McKinnon（1973）提出的麦氏指标则使用广义货币发行量（M2）占名义国内生产总值的比重，根据 McKinnon 提出的"金融抑制理论"，"金融发展"是相对于"金融抑制"的一个概念，"麦氏指标"也用于衡量一国金融深化的程度。戈氏指标反映了金融与经济的相关程度，而麦氏指标则反映经济的货币化程度。King 和 Levine（1993）使用商业银行的信贷占金融机构总信贷存量的比重来衡量金融发展。Beck 和 Levine（2000）以股市的股票直接融资占银行信贷间接融资的比例表示金融结构。Levine（1997）用非金融私人部门的信贷占 GDP 的比例来衡量金融效率。Desbordes 和 Wei（2017）用金融机构向私人部门提供的信贷占 GDP 的比例以及股票市值占 GDP 的比例来衡量金融发展水平。

从国内的文献来看，更多学者使用了戈氏指标。具体来看，部分学者使用了单一指标来反映金融发展水平。沈红波等（2010），孙永强（2011），杨友才（2014），周丽丽等（2014）使用金融机构贷款余额/GDP 这个指标；尹希果等（2007），马轶群（2012），余玲铮和魏下海（2012），闫丽瑞（2012），刘玉光等（2013），张亦春和王国强（2015）使用金融机构存贷款总额/GDP 这个指标；陈刚等（2006），袁云峰和曹旭华（2007），杨楠和马绰欣（2014）采用银行信贷总额/GDP 这个指标；李梅和柳士昌（2012）使用非国有部门贷款比重这个指标；张坤（2015）采用了私人信贷/GDP 这个指标；李涛和徐昕（2005），沈红波等（2011），解维敏和方红星（2011），黎欢和龚六堂（2014），王秀丽等（2014），戴小勇和成力为（2015）则使用了樊纲等（2010）在《中国市场化指数——各地区市场化相对进程 2009 年报告》中构造的金融市场化指数来衡量金融发展水平。

更多学者则是采用了多个指标来综合反映金融发展水平。杨俊等（2006）使用私人信贷/GDP 和金融总资产/GDP 两个指标来反映金融发展水平，其中金融总资产包括广义货币（M2）、股票市价总值和债券余额；王昱和成力为（2014）使用私人信贷/GDP 和股票市值/GDP 两个指标来反映金融发展水平；孙晓华（2015）采用金融机构贷款余额/GDP 和股票市值/GDP 两个指标来反映金融发展水平；苏建军和徐璋勇（2014）用金融中介规模（银行存贷款之和/GDP）和金融效率（全部金融机构贷款/存款）两个指标来反映金融发展水平；施炳展（2011）使用私人信贷/GDP，股票市场资本额/GDP 以及股票市场交易额/GDP 三个指标来反映金融发展水平；李青原等（2013）采用银行给非国有部门的信贷，银行信贷/地区生产总值以及家庭居民人民币储蓄存款/地区生产总值三个指标来反映金融发展水平；刘焕鹏和严太华（2015）使用了金融机构存贷款余额/GDP，金融机构贷款余额/GDP 和非国有部门贷款/GDP 三个指标来反映金融发展水平；齐俊妍等（2011）使用私人信贷规模占GDP 的比重，金融流动资产占 GDP 的比重，股票市场资本化占 GDP 的比重以及股票市场交易额占 GDP 的比重这四个指标来反映金融发展水平；王伟（2013）使用私人信贷/GDP，股市市值/GDP，股市交易量/GDP 和股市换手率四个指标衡量金融发展水平。张林等（2014），郑强（2017），殷朝华等（2017）都采用了金融产业产值/GDP，金融业在岗人员/总就业人数，金融机构贷款/存款，银行业金融机构存贷款之和/GDP，股票市值与保费收入之和/金融总资产五个指标来反映金融发展水平，并用熵值法构建金融发展综合指数；于成永（2016）使用银行发展和股票市场发展两个方面的指标来反映金融发展水平，其中反映银行发展指标又包括金融深化指标（金融系统流动负债/GDP），银行比率指标［银行贷款/（银行贷款+中央银行国内资产）］和金融活动指标（货币储蓄银行提供的私人国内贷款/GDP），而反映股票市场发展的指标包括市场资本化率（上市股份总额/GDP），股票市场活动（股份交易总额/GDP）和换手率（股份交易总额/上市公司股份总额）；李志军，奚君羊（2012）从金融机构和资本市场两个层面构建指标，其中金融机构方面的指标包括银行规模指标、商业银行效率指标以及非银行金融机构指标，资本市场方面的指标包括分别反映债券市场和股票市场发展的指标，同时，他们还运用主成分分析法构建了综合金融发展指数；姚耀军和董钢锋（2013，2015）也从银行中介发展和股票市场发展两方面来反映金融发展水平，其中银行中介发展采用金融机构贷款/GDP，金融机构存款/GDP这两个指标衡量，股票市场发展利用股票市值/GDP和股票成交额/GDP这两个指标来衡量，并对四个指标使用主成分分析法构建反映金融发展的综合指标。类似地，翟淑萍（2014）也采用了金融中介发展和股票市场发展两个一级指标来衡量金融发展，李延凯和韩廷春（2013）采用银行机构总资产/GDP和股票市场总市值/GDP这两个指标分别反映金融中介和金融市场的发展情况。

还有部分学者则是从金融发展的规模、结构及效率的不同层面构建指标来全面反映金融发展水平。冉光和等（2013），孙少勤和邱斌（2014），王立国和赵婉妤（2015）从金融发展规模、金融发展结构和金融发展效率三个层面分别选取指标来衡量金融发展水平；周永涛，钱水土（2011）从金融规模、金融效率和证券市场发展水平三个方面构建指标反映金融发展水平；陈琳、朱一帆（2017）从间接融资规模、间接融资效率和资本市场发展程度三个方面构建四个分项指标反映金融发展程度；杜思正，冼国明（2016）从金融深化、金融效率和金融结构三个层面选取了三大类13个分项指标，并用主成分分析法和因子分析法提取出金融发展主因子，构建金融港发展水平指数；李梅（2014），张林（2016）从金融发展规模和金融发展效率两个方面反映金融发展，其中李梅（2014）用金融机构贷款总额/GDP来衡量金融发展规模，而张林（2016）则是用金融机构贷款总额与股票市值之和/GDP来表示金融发展规模，金融发展效率则都采用非国有企业贷款/GDP衡量；施炳展和齐俊妍（2011）从金融市场规模、金融效率和金融交易规模三个方面构建指标；李苗苗等（2015）从金融发展规模和金融发展结构两个方面构建反映金融发展水平的指标。

金融发展指标的文献整理如表1.1所示。

表 1.1　金融发展指标的文献整理

作者	金融发展指标构建
Goldsmith（1969）	戈氏指标：金融资产的价值总和/经济总量
McKinnon（1973）	麦氏指标：广义货币发行量（M2）/名义国内生产总值（GDP）
King 和 Levine（1993）	商业银行的信贷/银行总信贷存量
Beck 和 Levine（2000）	金融结构：股票直接融资/银行间接融资
Levine（1997）	非金融私人部门的信贷/GDP
Desbordes 和 Wei（2017）	（1）金融机构向私人部门提供的信贷/GDP；（2）股市市值/GDP
沈红波等（2010），孙永强（2011），杨友才（2014），周丽丽等（2014）	金融机构贷款余额/GDP
尹希果等（2007），马轶群（2012），余玲铮和魏下海（2012），闫丽瑞（2012），刘玉光等（2013），张亦春和王国强（2015）	金融机构存贷款总额/GDP
陈刚等（2006），袁云峰和曹旭华（2007），杨楠和马绰欣（2014）	银行信贷总额/GDP
李梅和柳士昌（2012）	非国有部门贷款比重：总贷款/GDP×（1-国有经济固定资产投资总额/全社会固定资产投资总额）
张坤（2015）	私人信贷/GDP
李涛和徐昕（2005），沈红波等（2011），解维敏和方红星（2011），黎欢和龚六堂（2014），王秀丽等（2014），戴小勇和成力为（2015）	使用樊纲等（2010）在《中国市场化指数——各地区市场化相对进程 2009 年报告》中构造的金融市场化指数来衡量金融发展水平
杨俊等（2006）	（1）私人信贷/GDP；（2）金融总资产/GDP
王昱和成力为（2014）	（1）私人信贷/GDP；（2）股票市值/GDP
孙晓华（2015）	（1）金融机构贷款余额/GDP；（2）股票市值/GDP
苏建军和徐璋勇（2014）	（1）金融中介规模=银行存贷款之和/GDP；（2）金融效率=全部金融机构贷款/存款

表1.1(续)

作者	金融发展指标构建
施炳展（2011）	（1）私人信贷/GDP；（2）股票市场资本额/GDP；（3）股票市场交易额/GDP
李青原等（2013）	（1）银行给非国有部门的信贷；（2）银行信贷/地区生产总值；（3）家庭居民人民币储蓄存款/地区生产总值
刘焕鹏和严太华（2015）	（1）金融机构存贷款余额/GDP；（2）金融机构贷款余额/GDP；（3）非国有部门贷款/GDP
齐俊妍等（2011）	（1）私人信贷规模/GDP；（2）金融流动资产/GDP；（3）股票市场资本化/GDP；（4）股票市场交易额/GDP
王伟（2013）	（1）私人信贷/GDP；　（2）股市市值/GDP；（3）股市交易量/GDP；　（4）股市换手率。
张林等（2014），郑强（2017），殷朝华等（2017）	（1）金融产业产值/GDP；（2）金融业在岗人员/总就业人数；（3）金融机构贷款/存款；（4）银行业金融机构存贷款之和/GDP；（5）股票市值与保费收入之和/金融总资产。将上述指标用熵值法构建金融发展综合指数。
于成永（2016）	（1）银行发展指标：①金融深化指标＝金融系统流动负债/GDP；②银行比率指标＝银行贷款/（银行贷款＋中央银行国内资产）；③金融活动指标：货币储蓄银行提供的私人国内贷款/GDP； （2）股票市场发展指标：①市场资本化率＝上市公司股份总额/GDP；②股票市场活动＝股份交易总额/GDP；③换手率＝股份交易总额/上市公司股份总额
李志军，奚君羊（2012）	（1）金融机构指标：①银行发展方面的指标，包括银行规模指标，商业银行效率指标两个三级指标；②非银行金融机构发展指标，包括非银行机构资产/GDP，保险密度，保险深度以及非银行机构资产/银行机构资产四个三级指标； （2）资本市场指标：①债券市场发展指标，包括债券市场周转率，企业债余额/GDP，企业债发行额/GDP，企业债交易额年周转率，国债余额/GDP 以及国债发行额/GDP 共六个三级指标；②股票市场发展指标，包括股票总市值/GDP，股票融资额/GDP 以及股票总市值周转率三个三级指标。 最后运用主成分分析法构建了综合金融发展指数。

表1.1(续)

作者	金融发展指标构建
姚耀军和董钢锋（2013，2015）	（1）银行中介发展指标：①金融机构贷款/GDP；②金融机构存款/GDP；（2）股票市场发展指标：①股票市值/GDP；②股票成交额/GDP。 最后运用主成分分析法构建了金融发展综合指标。
翟淑萍（2014）	（1）金融中介发展指标：①地区全部金融中介发展＝全部金融机构当年年末总贷款余额/GDP；②非国有金融中介发展＝地区非国有商业银行年末总贷款余额/GDP；③金融中介竞争＝地区非国有商业银行年末总贷款余额/地区全部金融机构当年年末总贷款余额 （2）股票市场发展指标：①股票市场规模＝股票市值/GDP；②股票市场所有权结构（非国有上市公司占比）＝非国有上市公司数量/地区上市公司总数；③股票市场流动性＝股票交易额/GDP
李延凯和韩廷春（2013）	（1）金融中介发展指标：银行机构总资产/GDP； （2）金融市场发展指标：股票市场总市值/GDP
冉光和等（2013）	（1）金融发展规模：各省贷款总额/各省GDP； （2）金融发展结构：（各省股票筹资额+各省保费收入）/各省金融总资产； （3）金融发展效率：各省储蓄/各省贷款
孙少勤和邱斌（2014）	（1）金融发展效率：用固定资产投资资金来源中的国内贷款比例表示； （2）金融发展结构：用贷款中的中长期贷款比例表示； （3）金融发展规模：用金融机构贷款总额与地区生产总值的比值表示
王立国和赵婉妤（2015）	（1）金融发展规模：（M2+股票市值+债券发行额+保费收入）/GDP；（2）金融发展效率：金融机构贷款余额/金融机构存款余额；（3）金融发展结构：间接融资额/直接融资额＝金融机构贷款增加额/（股票筹资额+企业债券发行额）
周永涛，钱水土（2011）	（1）金融规模：非国有部门贷款/GDP； （2）金融发展效率：储蓄—投资转化率； （3）证券市场发展水平：股票总市值/GDP

表1.1(续)

作者	金融发展指标构建
陈琳，朱一帆（2017）	（1）间接融资规模：各省份年末本外币贷款余额/GDP； （2）间接融资效率：各省份金融机构年末本外币贷款余额/年末本外币存款余额； （3）资本市场发展程度：①股票总市值/GDP；②各省份年内首次公开发行、定向增发、公开增发、配股、可转债发行及债券发行之和/GDP
杜思正，冼国明（2016）	（1）金融深化； （2）金融效率； （3）金融结构
李梅（2014）	（1）金融发展规模：地区金融机构贷款总额/GDP； （2）金融发展效率：非国有企业贷款/GDP
张林（2016）	（1）金融发展规模：（金融机构贷款总额+股票市值）/GDP； （2）金融发展效率：非国有企业贷款/GDP（借鉴李梅，2014）
施炳展和齐俊妍（2011）	（1）金融市场规模：①私人信用/GDP；②股票市场资本化总量/GDP；③债券价值总量/GDP；④保险价值总量/GDP 以上四项综合表示市场总规模。 （2）金融效率：①银行利率收入占银行总资产的比值（回归中其倒数表示效率）；②规模最大的3家银行资产占银行业总资产的比重（回归中其倒数表示效率）； （3）金融交易规模：股票市场交易量/GDP
李苗苗等（2015）	（1）金融发展规模：（金融机构存款余额+金融机构贷款余额）/GDP； （2）金融发展结构：金融机构贷款余额/GDP

资料来源：中国知网。

从以上文献指标归纳可以看出，目前衡量金融发展的指标较多，但是总体来看，这些指标基本上可以分为三大类：第一类反映了金融规模，如金融机构贷款余额/GDP，股票市值/GDP 等；第二类反映金融结构，如股票筹资额/GDP，债券筹资额/GDP 等；第三类反映金融效率，如非国有部门贷款占GDP 的比重，金融机构存贷比等。本书在实证部分也将借鉴既有文献，构造金融发展的衡量指标。

1.3.1.2 关于金融发展与经济增长的关系

在金融发展与经济增长的关系方面，主要存在以下几种观点：一是认为金融发展促进了经济增长（Goldsmith，1969；Mikinnon et al.，1973；Fry，1978；Loayza et al.，2000；Shen et al.，2006；康继军 等，2005；闫丽瑞 等，2012；黎欢 等，2014；李苗苗 等，2015），这种观点是学术界的主流观点；二是认为经济增长促进了金融发展（Boulila et al.，2004；Chakraborty，2008）；三是认为金融发展和经济增长相互影响，互为因果关系（Calderon et al.，2003；武志，2010；苏建军 等，2014）；四是认为金融发展和经济增长之间是非线性关系（Levine et al.，2000；Rousseau et al.，2011；杨友才，2014；张亦春 等，2015；黄智淋 等，2013），五是认为金融发展与经济增长之间的关系是不确定的（Berglof et al.，2002；Shan，2005；Loayza et al.，2006；马轶群 等，2012）；六是认为金融发展对经济增长有抑制作用（袁云峰 等，2007；Aghion et al.，2004）。

1.3.1.3 关于金融发展与收入分配差距的关系

部分学者研究发现金融发展和收入分配差距之间是线性关系，而且认为金融发展会拉大收入差距。Banerjee 和 Newman（1993），Galor 和 Zeira（1993），Aghion 和 Bolton（1997）等的研究都认为金融发展和金融市场深化最有利于那些高收入富人阶层，不利于穷人和低收入阶层，因此会扩大收入分配差距。杨俊等（2006）发现我国金融发展与全国以及城乡居民收入分配之间存在单向因果关系，金融发展扩大了我国居民收入分配差距，而且非常显著。孙永强和万玉琳（2011）通过分析金融发展、对外开放和城乡居民收入差距之间的关系后发现：从全国层面来看，金融发展以及对外开放都显著拉大了城乡居民的收入差距。刘亭亭和刘传哲（2011）通过实证研究得出金融发展规模对城乡收入差距有正向影响，而金融发展效率则对其有负向影响的结论。刘玉光等（2013）也认为中国金融发展拉大了城乡收入差距；另一部分学者则认为金融发展会抑制收入差距扩大，Chakraborty 和 Ray（2003），Beck 和 Levine（2007）都证实了金融发展会缩小收入差距。还有部分学者则研究发现它们两者之间存在非线性的门槛效应。国外学者中，以 Greenwood 和

Jovanovic（1990），Townsend 和 Ueda（2006），Clarke，Xu 和 Zou（2003）为代表，他们研究得出了两者之间呈 Kuznets "倒 U 型" 曲线关系。国内学者中，余玲铮和魏下海（2012）对中国金融发展的收入分配效应进行研究后发现：金融发展加剧了中国收入分配的不平等，而且还存在显著的门槛特征。在跨越了门槛值的地区，金融发展对收入分配不平等的影响更大。唐礼智等（2008）的实证研究结果表明，从全国来看，金融发展规模与城乡收入差距之间呈倒 U 型曲线关系，金融发展效率与城乡收入差距不存在倒 U 型关系；东部地区检验结果与全国样本一致，中西部地区则都不存在倒 U 型曲线关系。还有杨楠和马绰欣（2014）也证实了中国金融发展与城乡收入差距之间的倒 U 型特征以及地区之间的显著阶段性差异。

1.3.1.4　关于金融发展与出口贸易的关系

有学者研究了金融发展对出口贸易的影响。出口与 OFDI 是企业国际化的两种不同的形式，有关金融发展对出口影响的研究对研究金融发展对 OFDI 的影响具有借鉴意义。Kletzer 和 Bardhan（1987）将金融发展作为比较优势引入传统贸易理论，开创了研究金融发展与贸易之间关系的先河。Manova（2008）和 Berthou（2010）将融资约束融入异质性企业框架中，得出在不发达的金融市场中，融资约束影响了企业的生产成本并进而影响企业出口的结论，同时他们还发现金融发展对贸易广度和贸易量有积极影响。在金融发展对出口结构优化影响的研究方面，许多学者的研究都证实了金融发展对出口结构优化具有显著的正向影响（孙兆斌，2004；李斌 等，2008；姚耀军，2010）。而部分研究则发现金融发展对出口结构优化没有显著影响或者影响不确定，史龙祥和马宇（2008）认为金融发展对优化出口结构的作用不显著，朱彤和曹珂（2009）研究发现金融规模扩张和结构调整对于制造业出口商品结构优化具有显著正向影响，但金融效率变化对出口商品结构优化的作用不显著。刘树林和王义源等（2017）发现金融效率促进了中国东部地区出口贸易结构的优化，但在中西部的作用不显著；在金融发展影响出口贸易规模的研究方面，张立军（2005），姚耀军（2010）等都证实了金融发展对出口贸易规模具有显著的促进作用，而姜辉和查伟华（2013）则研究得出金融规模扩张和金融效率变化对出口规模的影响不显著，曾璐璐（2015）等认为金融发展对出口贸易影响的程度取决于各地方在经济发展过程中对外部融资的依赖程度，地区经济对外部融资越依赖则金融发展对该地区出口贸易增长的促进作用就越大；在金融发展对出口技术水平的影响方面，齐俊妍和王永进等（2011），顾国达和方园（2012），齐俊妍和王晓燕（2016）等都通过实证分析得出金融发展对出口技术含量或者技术复杂度的提升具有显著促进作用。周永涛和钱水土（2011）则发现金融发展规模对加工贸易出口技术含量的影响为正，而对一般贸易则具有阻碍作用；金融发展效率对加工贸易和一般贸易的出口技术含量的影响均显著为负；证券发展水平对加工贸易出口技术含量的影响不显著，而对一般贸易出口技术含量有促进作用。

此外，还有冉光和等（2013）研究了金融发展、FDI 对区域创新能力的影响，钱水土等（2011）探讨了金融发展、技术进步与产业升级的关系，施炳展等（2011）分析了金融发展、企业国际化形式与贸易收支的关系，解维敏等（2011），孙晓华等（2015）研究了金融发展、融资约束与企业研发投入之间的关系，盛雯雯对金融发展与国际贸易比较优势的关系进行了研究。

1.3.2 关于对外直接投资的影响因素的研究

关于对外直接投资影响因素的研究，大多数学者都是从东道国的角度出发分析其对母国对外直接投资的影响。有的学者研究了制度因素对 OFDI 的影响。冀相豹（2014）基于制度的视角分析了制度因素对中国对外直接投资的影响，得出制度因素对中国对外直接投资具有显著影响，发达国家的制度因素正向影响了中国对外直接投资，而发展中国家的制度具有负向影响的结论。Habib 和 Zurawicki（2002）研究发现双边制度的差异与对外投资呈负相关关系。Wang et al.（2012）也认为制度因素会直接影响企业优势并影响到企业投资。项本武（2009）发现汇率波动对中国 OFDI 有正向促进作用，而 Barrell 和 Riley（2004），Schmidt 和 Broll（2009）发现汇率波动对美国的 OFDI 具有抑制作用。Buckley 等（2007）研究发现中国的 OFDI 更倾向于流向与本国地理距离和文化距离比较近的国家，东道国的政治风险、资源丰裕度也是影响 OFDI 的重要因素。杨娇辉等（2016）考察了东道国制度风险与中国 OFDI 区位分布之间的关系，发现中国 OFDI 区位分布的"制度风险偏好"并不绝对；也有学者从双边政治关系和制度差异的双重视角分析了两者对 OFDI 的影响。刘晓光和杨连星（2016）研究发现双边友好的政治关系会促进企业对外直接投资，而且友好的双边政治关系对东道国的制度差异具有补充效应，两者的互补效应显著提高了对外直接投资的成效。庞明川和刘雷（2017）在研究了中国对 24 个发达国家的逆向投资后发现：制度距离和东道国政治风险对中国逆向投资的影响不显著，技术差距显著抑制了中国的逆向投资。还有学者从东道国来华教育、汇率波动、共同语言、海外华商网络以及双边自由贸易协定的签署等各方面分析了这些因素对 OFDI 的影响。谷媛媛和邱斌（2017）利用中国 2003—2014 年在"一带一路"沿线 44 个国家直接投资的数据，研究了东道国来华留学教育与中国对外直接投资之间的关系，发现来华留学教育能够显著促进中国对外直接投资。赵明亮（2017）利用扩展投资引力模型研究发现：汇率波动、共同语言、政治动荡、主权摩擦等会影响 OFDI，经济自由度的提高显著促进了 OFDI，政府治理质量的提高对 OFDI 没有促进作用。陈初昇等（2017）基于"一带一路"视角，分析了海外华商网络和制度环境对中国对外直接投资的影响，发现活跃的海外华商网络和良好的制度环境都促进了中国的对外直接投资。徐世腾等（2017）认为双边自由贸易协定及投资协定的签署对中国企业对外直接投资起到了显著的促进作用。

还有部分学者则是从母国的角度出发，分析了母国制度因素对其对外直接投资的影响。陈培如等（2017）基于扩展边际的视角分析了母国制度环境对对外直接投资的影响，发现政府的财政和金融支持能够促进中国 OFDI 的扩展边际，但是母国知识产权保护制度和法制建设的不完善会导致资本外逃。齐晓飞和关鑫（2017）基于 OFDI-S 模型，分析得出进行 OFDI 的企业拥有的竞争优势与母国制度产生的优势有密切关系，但是国内的一些不利制度因素也会迫使企业寻找新的国际市场，母国制度推动 OFDI 的作用兼有正向引导和负向挤出效应。

1.3.3 关于金融发展对 OFDI 影响的研究

1.3.3.1 金融发展对 OFDI 规模的影响

关于金融发展是促进了对外直接投资还是抑制了对外直接投资，目前学术界并没有得出一致的结论。大多数学者的研究都是基于母国视角，得出金融发展促进了企业对外直接投资的结论。Di Giovarmi（2005）利用引力模型对 1990—1999 年多国企业的并购数据进行研究发现金融市场规模对 OFDI 存

一
绪
论

· 17 ·

在显著的促进作用。Manova（2008）将金融发展程度纳入"新新贸易理论"中的企业异质性模型中，分析得出金融发展对企业出口和 OFDI 有正向影响。金融发展水平高的国家产出转化为投资者红利的比例更高，产生的投资收益更大，在全球的资本供给的能力越强（Caballero et al.，2006），因而对企业出口和对外直接投资的促进作用更大；金融发展水平高的国家能够为企业提供更全面的保险，为企业应对投资风险提供保障，降低了企业投资的风险，金融发展水平高的国家更倾向于持有高风险和高收益的资产如 OFDI，而金融发展水平低的国家则倾向于持有低风险的证券资产，因此风险控制后高金融发展水平的国家的投资收益率要高于低金融发展水平的国家（Mendoza，2009）。Ju 和 Wei（2010）认为金融利率与边际资本收益之间的资本"楔"在金融发展水平较低的国家普遍存在，因此金融发展程度不高的国家更倾向于将资本投向一些低风险和低收益的资产，比如投资于发达国家债券，发达国家相对发展中国家受资本"楔"的影响较小，他们投资于发展中国家所获得的收益要高于本国利率，资本的使用以对外直接投资为主。

国内研究中，王昱和成力为（2014）认为金融发展可以促进对外直接投资，但对不同经济体的影响机理不同。陈琳和朱一帆（2017）考察了金融发展对中国对外直接投资的影响后得出：间接融资规模对中国对外直接投资有显著为正的影响，而直接融资的影响不明显。分地区看，间接融资规模和直接融资规模都对东部和中部地区的 OFDI 有显著的正向影响，融资效率的作用不明显，而金融发展对西部地区的对外直接投资没有促进作用。杜思正等（2016）则是基于投资国的视角考察了中国金融发展、资本效率及其交互效应对对外直接投资的影响，证实了金融发展显著提高了中国的 OFDI 水平，金融发展能够显著改善资本效率对 OFDI 的影响效应。王伟和孙大超等（2013）采用 67 个国家 1990—2009 年的面板数据，分析了金融发展对海外直接投资的影响，使用金融发展的两个层面指标即存量指标和活跃度指标分析了金融发展对企业 OFDI 的影响，研究得出两个层面的指标都显著为正的结论。蒋冠宏和张馨月（2016）利用全球 161 个国家的数据研究得出金融发展对 OFDI 具有显著促进作用，而且发达国家和发展中国家存在着一些差异。王昱等（2016）利用全球跨国面板数据研究了制度质量以及金融发展对企业对外投资的影响，分析得出金融规模发展对不同经济体 OFDI 影响机理不同的结论。其中发展中国家的对外直接投资主要受信贷规模的影响，而发达国家的对外直接投资主要受股市规模的影响，金融发展规模对企业对外直接投资的影响会因为金融效率的提高而增大。也有少数学者从东道国视角来分析金融发展对 OFDI 的影响。曲文俏和陈磊（2013）分析得出中国企业对外直接投资没有受到东道国金融发展程度的影响。余官胜（2015）也从动机异质性视角分析了东道国金融规模以及金融结构对中国企业 OFDI 的影响，研究结果发现金融规模能有效促进中国企业对外直接投资，但是结构层面的金融发展并未产生直接影响。

有部分学者从发展中国家经济失衡的视角分析，认为金融抑制是促使发展中国家对外直接投资的重要原因。王勋（2013）认为发展中国家的金融抑制是促进他们对外直接投资的重要因素，由于发展中国家技术水平相对落后及金融发展比较滞后，这些国家的企业在国内缺乏投资机会，但是通过选择 OFDI 可以从国外获取相关的技术还有丰富的资源等要素，从而可以提高企业在国内的生产率。类似地，黄益平（2013）认为金融抑制可能导致国家的储蓄超过投资，也就存在经常项目顺差。当发展中国家存在资本过剩时，他们就会选择对外直接投资，发展中国家对外直接投资的规模与其金融抑制的程度和随之产生的外部顺差呈正相关关系。

1.3.3.2 金融发展对 OFDI 逆向技术溢出的影响

部分学者的研究表明金融发展促进了 OFDI 的逆向技术溢出。李梅和柳士昌（2012）分析发现金融发展会促进企业对外直接投资逆向技术溢出。还有学者研究发现金融发展和对外直接投资的逆向技术溢出之间存在非线性关系。金融发展越过一定门槛值之后，OFDI 才会对技术溢出有正向促进作用（Choong，2004；Law et al.，2010；Azman-Saini，2010），李梅（2014）也发现两者之间存在非线性关系，母国金融发展规模和金融发展效率都对 OFDI 的母国生产率溢出存在明显的门槛效应，当前中国只有部分地区的金融发展水平跨过了促使 OFDI 产生生产率溢出效应的门槛，相当一部分地区的金融发展仍停留在门槛值之下。还有杜宽旗等（2016），郑强（2017）也得到了类似的结论。杜宽旗等（2016）研究发现：金融规模、金融效率和金融结构都对中国 OFDI 的逆向技术溢出存在门槛效应，当金融发展超过一定水平值后，OFDI 对技术进步的贡献将大大提升。郑强（2017）也以金融发展为门槛变量考察了对外直接投资对母国全要素生产率增长的影响，发现对外直接投资对母国全要素生产率的影响存在典型的非线性效应，从当前中国的情况来看，金融发展还没能促进对外直接投资产生生产率的正向溢出。也有学者认为金融发展和对外直接投资之间是线性关系。陈广居（2016）通过实证研究发现中国金融发展水平对 OFDI 逆向技术溢出效应具有正向作用，且两者之间是线性关系。

1.3.4　文献评述

总的来看，近年金融发展与对外直接投资的关系尤其是发展中国家的金融发展与对外直接投资的关系问题引发了许多学者的关注，并研究得出了一些有价值的结论。但是，由于研究视角，所选指标等的差异，目前学术界对两者的关系还没有达成一致的结论，对于金融发展到底是促进还是抑制对外直接投资还存在争议。同时，当前的研究都集中在对两者之间的线性关系的讨论，还鲜有学者探讨两者之间的非线性关系，同时，对于发达国家和发展中国家，他们的金融发展对企业 OFDI 是否存在着差异化的影响，也是值得去深入研究的问题。另外，"一带一路"作为当前国际国内的热点研究区域之一，研究中国金融发展是否促进了中国对"一带一路"沿线国家的直接投资也具有非常重要的现实意义。

1.4　研究思路、研究方法与主要内容

1.4.1　研究思路及内容

本书共分为七个章节，按照"问题的提出—理论研究—现实考察—实证考察—结论及建议"的研究框架进行研究，具体的研究框架如图 1.1 所示：

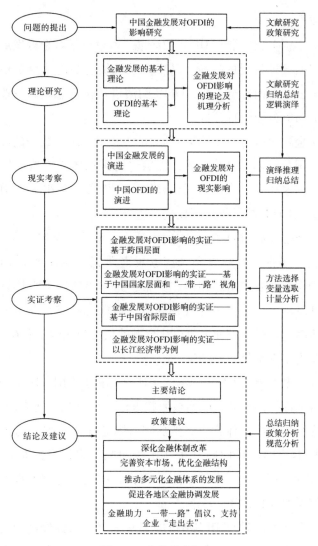

图 1.1 本书研究框架

本书的写作结构安排如下：

第1章为绪论。本章主要对该课题研究的背景、意义、研究现状进行梳理，对相关概念进行界定，并对本书的研究思路、研究方法、创新点和不足之处进行归纳。

第2章为理论基础。本章主要对本书研究相关的主要理论进行总结、归纳和分析，主要包括金融发展相关理论、对外直接投资相关理论以及金融发展影响对外直接投资的理论和影响机理。这些理论基础对本书的实证分析部分提供理论支撑。

第 3 章为中国金融发展与 OFDI 的演进。本章包括对金融发展演进状况及对外直接投资的演进状况的分析。其中金融发展的演进从金融规模、金融结构和金融效率三个方面进行分析；OFDI 的演进从投资总量、行业结构、产业结构及地区分布等方面进行分析。

第 4 章是金融发展对 OFDI 影响的实证——来自跨国数据的经验验证。本章首先是对跨国总体样本进行分析，然后将跨国总体样本按照经济发展程度差异分为发达国家和发展中国家两组样本，分别分析各组样本国家金融发展对 OFDI 的影响并对分析结果进行比较。

第 5 章为金融发展对 OFDI 影响的实证——基于国家层面和"一带一路"视角。本章从"一带一路"视角和国家层面研究金融发展对 OFDI 的影响，首先分析了中国金融发展对中国向"一带一路"沿线国家直接投资的线性影响，接着在此基础上又分析了非线性影响。本章的研究一方面可以进一步检验前面的分析结论，另一方面又可以从金融的角度为我国企业在"一带一路"倡议下进一步走出去提供一些参考。

第 6 章为金融发展对 OFDI 影响的实证——基于中国省际层面的分析。本章分别使用普通面板回归和空间面板回归方法分析省际金融发展对省际 OFDI 的影响，首先分析省际总体样本，然后将省际总体样本划分为东部和中西部地区两个分样本分别进行回归分析并比较回归结果，目的是对金融发展和 OFDI 的关系进行一个比较全面的检验，得出在中国经济发展水平不同的区域之间金融发展对 OFDI 影响的差异。

第 7 章为金融发展对 OFDI 影响的实证——基于长江经济带视角。本章以长江经济带为研究对象，建立动态空间面板模型，基于金融规模、结构和效率三重视角考察金融发展和 OFDI 之间的关系，旨在从较微观的区域层面考察金融发展对 OFDI 影响。

第 8 章为政策建议。在前述章节理论探讨、现状分析和实证研究的基础上，本章先对前文的研究进行归纳和总结，然后针对中国如何加快金融发展促进对外直接投资提出具体的政策建议。

1.4.2 研究方法

一是文献分析法。通过研究国内外与本书相关的研究文献及资料，了解了中国金融发展及对外直接投资的演进状况，梳理了相关理论的发展和演变的脉络，明确了金融发展影响 OFDI 的理论基础，为实证部分提供理论支撑。

二是定性和定量分析相结合的方法。本书在定性分析金融发展对 OFDI 影响机理的基础上，采用定性和定量分析相结合的方式对金融发展和对外直接投资的演进进行分析，以期做出全面、深入的研究。

三是实证分析法。本书采用了多种方法实证分析了金融发展对 OFDI 的影响，采用静态分析和动态分析相结合，包括静态面板、动态面板回归、空间计量回归等多种实证方法，全面分析了金融发展对 OFDI 的影响。

1.5 创新点与不足

1.5.1 创新点

第一，研究样本以及金融发展衡量指标的丰富性和多样性。已有的研究对金融发展和 OFDI 的关系并没有定论，主要是因为他们的样本选择、指标选取都存在不同之处，对于经济状况不同的国家和同一个国家内部经济状况不同的各个地区，研究结果可能不同，同样地，衡量指标的差异也会对研究结果有影响。因此，本书立足于中国整体视角与区域视角以及"一带一路"沿线国家这一研究热点区域，在金融发展的指标选择上，分别从金融发展的规模、结构和效率三重视角构建多重指标，进而分析金融发展对 OFDI 的影响。研究样本和指标的丰富性一方面增加了检验结果的稳健性，另一方面也能反映出国家内部区域层面之间金融发展对 OFDI 影响可能存在的异同。

第二，研究方法的创新。现有的关于金融发展与 OFDI 关系的文献使用过的分析方法大多是时间序列分析方法或一般的面板回归方法，而且只研究了两者之间的线性关系。本书在一般面板回归方法的基础上，还使用了空间计量回归、门限回归等多种方法，不仅检验了金融发展对 OFDI 的空间效应与线性影响，而且在此基础上检验了金融发展对 OFDI 的非线性影响。

1.5.2 不足之处

第一，本书主要利用中国国家层面数据以及区域层面的面板数据从比较宏观的视角实证分析金融发展对 OFDI 的影响，没有从微观企业层面去分析，而微观企业层面也是非常值得去关注和研究的。

第二，本书主要分析了金融发展对 OFDI 数量的影响，但是没有分析金融发展对 OFDI 质量的影响，这是今后进一步研究的方向。

2 | 理论基础

2.1 金融发展相关理论

金融发展理论将发展经济学延伸到金融领域，相关理论的思想渊源可以追溯到 17 世纪。亚当·斯密、约瑟夫·熊彼特、杰里米·边沁等在他们的著作中都提到了金融对于经济发展的重要性。亚当·斯密在其代表作《国民财富的性质和原因的研究》中肯定了银行对经济发展的作用。他提出：慎重的银行活动可以增进产业发展，增进产业发展不在于增加一个国家的资本，在于让没有用的资本大部分变得有用，不生利的资本大部分都能生利。熊彼特（1912）在他的著作中提出了著名的创新理论，他认为，为了使用新技术以促进发展，企业家需要信贷去获取新的技术，因此信贷等金融因素对企业创新乃至一国经济发展有非常重要的意义[①]。熊彼特还提出银行信用为生产要素的组合提供了购买力，这正是来自银行的信用创造，银行的信用创造能力是推动创新和经济增长的重要动力。

1966 年，经济学家休·帕特里克（Patrick）研究了金融发展和经济增长之间的关系。他提出金融发展可以是"被动引导"的，也可以是"主动先行"的，在经济发展过程中，投资者会对金融资产、负债和服务等有需求，

---

① RAUDINO S. The theory of economic development [J]. Journal of political economy, 1911, 1 (2): 170–172.

如果是因为投资者对这些有需求从而产生了相关的金融服务，这就属于是"被动引导"型的金融发展，即经济增长促进了金融发展；如果在经济社会中的投资者在没有产生对金融服务的需求之前，相关的金融服务就已经产生了，这就属于"主动先行"型的金融发展，也就是说金融发展促进了经济增长。在考察金融发展和经济增长的关系时，他特别分析了金融体系对资本存量的影响：首先，金融发展提高了既有资本的配置效率；其次，金融发展促进了新增资本的优化配置；最后，随着金融不断发展，又促进了资本的增加。这说明了供给引导对于经济增长的重要性。在实践中，"被动引导"和"主动先行"两种现象会交织在一起，共同起作用。"主动先行"型金融在经济发展的早期阶段起主导作用，到了经济的快速增长阶段，"被动引导"型金融会占据支配地位。也就是说，随着经济社会的不断发展，企业等会不断增加对金融服务的需求，这又会促进相关金融服务的发展。帕特里克的研究解释了金融发展的原因，以及其在经济增长中所起的作用，为后来的研究奠定了基础，具有开创性的意义。

在帕特里克之后，众多学者在对金融发展与经济增长关系的解读过程中，形成了很多有代表性的理论，这些理论对后来人们研究金融发展问题起到了非常重要的作用，加深了人们对两者之间关系的认识，并在此基础上有了更多新的研究和发现，接下来本书将对这些理论进行介绍。

2.1.1　金融结构论

1969 年，戈德史密斯在其著作中提出了"金融发展就是金融结构的变化"的著名观点[①]。同时，他提出衡量一国金融发展水平可以用一些金融变量的比率来表示。金融相关比率指标是一国某一时点上金融活动总量与其经济活动总量之比，这就是著名的戈氏指标。这一指标具有一定的科学性，适用于任何时期和任何国家的金融发展程度测算，目前也仍是衡量金融发展程度的重要指标。

戈德史密斯认为，金融发展能够促进经济增长。储蓄和投资在金融工具出现后各自具有了独立的职能，从而使经济单位能够突破自身储蓄能力的限

---

① GOLDSMITH R W. Financial structure and development ［J］. Studies in comparative economics, 1969, 70（4）: 31-45.

制和克服收支不平衡的矛盾，同时也为资金的储蓄者带来了财富增值，储蓄不单单是一种财富贮藏工具。因此，金融工具的出现提供了促进储蓄与投资的机制，促进了社会储蓄和投资水平；同时，金融机构能够更有效地配置资金，使资金从那些收益率低的投资项目和部门转向收益率高的项目和部门，提高资本的边际收益率，促进经济增长。金融发展程度越高，金融活动就越活跃，金融对经济的影响力就越大。此外，他还提出了金融发展的一些规律，比如发达国家的金融相关比率要高于发展中国家，金融相关比率会在一定限度内逐渐提高，达到限度后逐渐趋于稳定等。在分析过程中，他采用了定性与定量分析相结合，国际横向比较和历史纵向比较的方法来探讨金融结构与发展的规律以及金融发展与经济增长的关系，这些方法也成为研究金融发展问题的重要方法。但是，戈德史密斯并没有明确金融发展与经济增长之间的关系，他在其著作中提出"经济飞速增长的时期也是金融发展速度较高的时期，当然，历史上也有例外的情形。但是，我们无法弄清这种联系究竟意味着什么：到底是金融因素促进了经济的发展呢，抑或金融发展是由其他因素引起的经济增长的一种反映？[①]"

2.1.2　金融深化论

1973年，罗纳德·麦金农和爱德华·肖分别提出了"金融抑制理论"和"金融深化理论"，这两个理论的提出对金融发展理论界具有非常重要的影响，标志着金融发展理论的创立。麦金龙和肖认为，如果金融市场被政府过分干预就会导致市场扭曲和金融抑制。发展中国家普遍存在金融抑制的现象，比如对利率汇率的管制等。发展中国家金融发展具有货币化程度较低，资本市场不发达，金融体制发展不平衡、效率低，政府对金融市场的不适当干预等典型特征。为了保证发展中国家的经济持续稳定增长，必须改变金融抑制现状，进行金融体系改革。麦金农认为，金融深化一方面要放松利率管制、信贷配给和高额存款准备金，以达到和保持正的实际利率；另一方面要采取措施稳定物价水平，以使投资者和储蓄者能够"观察"到资本的稀缺价格，缩

2　理论基础

① 雷蒙德·W. 戈德史密斯. 金融结构与金融发展 [M]. 周朔，译. 上海：上海人民出版社，1996：41-42.

小不同部门的投资盈利率的差距①。肖认为金融深化是政府取消控制利率以反映资本稀缺性，进而刺激储蓄增加，提高投资收益率。

总之，金融深化理论不同于传统理论，它将金融纳入经济发展的理论框架中，主张政府不要干预资本市场利率，这与传统的理论有较大差异，对于发展中国家的金融发展具有一定的理论指导意义。但是该理论的理论假设比较严格，要求资本市场是完全竞争的，这在现实经济中几乎不存在，导致其对实践的指导作用不足，比如该理论在金融方面的完全自由放任观点也不符合发展中国家的实际情况，一些发展中国家在 20 世纪七八十年代进行了金融自由化改革，但是收效甚微。

2.1.3 金融约束论

1997 年，赫尔曼（T. Hellmann）、穆多克（K. Murdock）和斯蒂格利茨（J. Stiglitz）等人在内生增长理论的基础之上，放松了麦金龙和肖的完全竞争市场假设，提出金融约束理论。该理论的核心观点是：金融市场并非完全竞争市场，政府应该适当加强对金融的干预，而不是完全放任。发展中国家有必要对金融进行适度的约束，但是未来的趋势依然是进行金融市场化改革，这对发展中国家来说具有较强的理论指导价值，但是如何把握恰当的金融抑制尺度也为政策制定带来了一定的难度。

2.1.4 内生增长理论

20 世纪 90 年代，本西文加和史密斯（1991），杜塔（1998），卡普尔（1998）等经济学家从理论和实证两个方面证明了金融发展和经济增长的因果关系，开创了内生金融增长理论。本西文加和史密斯、杜塔、斯蒂格利茨等学者在理论分析时，将市场不完全竞争的相关因素考虑到模型当中，以金融为内生变量，分析了金融对经济增长的影响机制。内生金融发展理论认为，随着经济的不断发展，经济的复杂性增加从而导致金融机构和金融市场的内生形成，经济增长可以通过金融机构的规模扩张和功能不断完善来实现，因为它会带来储蓄投资转化效率和资本配置效率的提高。

---

① 罗纳德·麦金农. 经济发展中的货币与资本 ［M］. 卢骢，译. 上海：上海三联书店，1997.

经济学家从不同的层面，如金和莱文（Kingand et al.，1993）从跨国的层面，拉詹和津盖尔斯（Rajan et al.，1998）从行业的层面，运用多种实证分析方法，卢梭和瓦赫特尔（Rousseau et al.，1998、2000）运用时间序列的方法，贝克、莱文和洛艾萨（Beck et al.，2000）使用面板计量的方法，卢梭等采用历史的方法（Rousseau，1998；Rousseau et al.，1999、2001），吉索等采用案例的方法（Guiso et al.，2002）都分析得出了金融发展是导致经济增长的重要原因和推动因素。

内生金融发展理论的模型更为复杂，而且在模型中加入了一些比较接近现实的因素，因此其观点也更加贴近现实特别是发展中国家的实际经济状况，对各国的金融解释能力更强。但是内生金融发展理论也存在一些局限性，一是研究对象的局限性。该理论的研究对象只局限于金融中介中的银行和金融市场中的股票市场，没有涉及其他金融中介机构和债券、保险等其他金融市场；二是对发展中国家金融发展政策的研究缺乏体系性，政策措施大都比较零散地夹杂在一些理论模型中；三是忽视了对金融效率、金融脆弱性和金融危机方面的研究。

2.1.5 金融可持续发展理论

20 世纪 90 年代，全球爆发了一系列金融危机，而且多发生在转型的发展中国家，其中 1997 年的亚洲金融危机最为严重，现有的理论无法解释这种现象。以此为切入点，中国学者白钦先在金融资源论的基础上，以金融资源配置为研究对象，提出了金融可持续发展理论，该理论是可持续发展理论在金融领域的延伸和发展，是对传统理论的重大创新，对于金融理论的发展具有非常重要的意义。他认为要合理开发、使用及配置金融资源，保持经济与金融的协调发展。金融可持续发展理论颠覆了传统的金融观和资源观，对传统金融发展理论进行了重大的拓展与创新，具体体现以下几个方面：

2.1.5.1 理论创新

传统的经济或者金融理论基本都将资本简单地看作一种生产要素，而白钦先认为金融也是一种稀缺的资源。他还将其分为了三个层次，分别是基础性核心资源、实体中间性资源和功能性高层资源。金融资源具有自然属性和社会属性，其自然属性是一种战略性稀缺资源，因此金融资源直接影响到经济和社会的可持续发展；其社会属性是一种可以配置其他所有资源（包含自然资源和社会资源）的资源，因而金融资源也构成了生态环境的一部分即金融生态环境。这一属性决定了实现金融的可持续发展对于经济增长是十分关键的。金融可持续发展的根本问题是金融资源的利用和金融生态环境的保护，这种新的动态的金融资源观揭示了金融资源的三个层次和二重属性，实现了与西方经济金融学理论的平滑过渡，不仅是国内而且是世界金融科学研究的重大创新①。

此外，白钦先还从历史与动态的角度提出金融倾斜及其逆转的理论（1989—1998），开创了政策性金融研究理论的先河，丰富了金融发展理论（1989—2004）。

2.1.5.2 修正与发展了戈氏的金融结构与金融发展理论

白钦先指出戈德史密斯的金融结构论的局限性：一是忽视金融结构的复杂性与多层次性，将金融结构中的一种具体结构当作一般金融结构，比较片面；二是提出"金融结构变迁即金融发展"的观点是一种只注重金融发展数量而忽视金融发展质量的片面金融发展观。白钦先对戈德史密斯的金融结构理论进行了修正和扩展，2003年他将金融结构正式定义为"金融相关要素的组成、相互关系及其量的比例"；同时，他使用了"金融结构演进"这一概念替代了戈德史密斯"金融结构变迁"这一概念。他认为金融结构变迁并不一定就是金融发展，金融发展应该是金融功能扩展与提升②。

2.1.5.3 研究视角创新

白钦先从20世纪80年代中期开始对金融功能理论进行了深入研究，他的研究相比之前的研究具有几个突出的特点：一是研究角度更加客观，更接近现实情况；二是研究的结论精准性更强。他还提出了"金融功能的不断提升与完善就会促进经济增长"的观点（2004）③。从功能的视角研究金融发展

---

① 陈晓枫，叶李伟. 金融发展理论的变迁与创新［J］. 福建师范大学学报（哲学社会科学版），2007（3）.

② 白钦先. 金融结构、金融功能演进与金融发展理论的研究历程［J］. 经济评论，2005（3）：39-45.

③ 白钦先. 金融结构、金融功能演进与金融发展理论的研究历程［J］. 经济评论，2005（3）：43-45.

体现了质和量发展的相互统一。

2.2 OFDI 相关理论

20 世纪 50 年代以来，资本输出逐渐转变为以直接投资的方式为主，对外直接投资引起了学术界的广泛关注并成为国际贸易和投资领域的研究热点，学者们对此进行了大量的研究并得出了丰富且具有启发意义的成果。

2.2.1 发达国家 OFDI 的理论

2.2.1.1 垄断优势理论

垄断优势理论（monopolistic advantage theory），也称所有权优势理论，由美国学者海默于 1960 年提出，后来经一些学者的补充和发展，成为研究直接投资最早也最有影响力的理论。垄断优势理论是在不完全竞争的基础上考察当代跨国公司在海外投资过程中具有垄断优势的理论，其基本观点是：因为跨国企业与东道国的同类企业相比具有更有利的垄断优势，使得其有条件进行对外直接投资。企业可以利用其垄断优势通过对外直接投资的方式来获利。

垄断优势理论认为市场的不完全性是企业对外投资的根本原因，跨国公司对外直接投资能够获利的条件是具有垄断优势。垄断优势包括市场的垄断优势如特殊的销售技巧，控制市场价格的能力等；生产的垄断优势如经营管理、融资能力，拥有的技术专利和专有技术等；还有规模经济优势、信息与网络优势以及政府对市场的干预使得跨国公司通过对外直接投资利用其垄断优势。

垄断优势理论提出以后，有许多学者对其进行了补充和完善，约翰逊（Johnson，1970）认为企业的垄断优势是其拥有的知识资本，包括企业的专利技术、知识产权、管理和营销能力等。凯夫斯（Caves，1971）认为企业通过改变产品的性能、形态、营销方式及售后服务等来提供差异化的产品以满足不同消费者的偏好，这是跨国公司的垄断优势。斯塔福德（Stopford）等将组织理论引入国际直接投资，认为跨国公司的垄断优势可以来源于企业良好的组织机构设置和管理能力。

垄断优势理论为研究对外直接投资提供了新思路，较好地解释了 20 世纪中后期美国跨国公司大规模对外直接投资的行为，该理论还提出跨国公司对经济发展水平不同的国家的对外直接投资可以采取不同的策略，对跨国公司对外直接投资实践具有较强的指导意义。但该理论也有一些不足之处：首先，没有说明当企业具有一定的垄断优势时，为什么要选择 OFDI 而不是其他方式；其次该理论虽然阐述了对外直接投资的原因及具备的条件，但是并没有说明企业在 OFDI 过程中的区位选择和行业分布等问题；再次，该理论以美国跨国公司为主要分析样本，对美国等发达国家跨国公司的对外直接投资具有较强的解释力，但是该理论却忽视了在当今普遍存在的发展中国家的 OFDI 行为；最后该理论是一种静态分析，没有从动态和发展的眼光来分析对外直接投资。

2.2.1.2　产品生命周期理论

1966 年，弗农提出产品生命周期理论，他将产品生命周期分为四个阶段，并且认为在生命周期的每一个阶段，产品属性会逐渐发生变化，企业对该产品拥有的优势条件也会发生变化，因此企业可以根据其自身的生产条件变化来对 OFDI 进行选择和调整。弗农认为影响跨国公司海外选址的最重要因素是劳动力成本和信息成本等，他在对外直接投资的分析中引入时间变量，动态地解释了二战后一段时期美国的跨国公司对外直接投资的动机及区位选择。

弗农认为在产品生命周期的四个不同阶段，产品的属性最终会逐渐由资本技术密集型向劳动密集型变换，相应地，产品的生产优势也会由创新国（多为发达国家）向经济次发达国家最后向经济不发达国家转移，在这个过程当中，创新国最初是产品的生产和出口国；随着产品生命周期的变化，创新国会逐渐向经济次发达的国家进行直接投资来降低成本，减少国内生产，同时有些国家已经开始模仿创新国生产产品；到了产品生命周期的后期，技术和生产工艺已经十分成熟，创新国和模仿国的竞争主要体现在劳动力成本的竞争，创新国将产品的生产转移到劳动力成本比较低不发达国家，其国内已经很少生产该产品反而大量从不发达国家进口，产品原来的进口国现在转变为出口国。

产品的生命周期理论第一次将国际贸易与投资活动相结合，从动态比较优势的视角解释了跨国公司对外直接投资的时机、动机及区位选择，同时考

虑到投资母国的优势和东道国的区位优势，揭示了在产品的各个不同阶段、不同国家优势的变化，是对传统理论的创新。但是该理论也存在一些局限性：一是不能很好地解释美国以外的国家的对外直接投资，比如20世纪50年代西欧和日本等次发达国家对美国的直接投资；二是无法解释非出口替代行业的对外直接投资行为；三是其对于跨国公司初期的投资行为的解释力较强，但是对于非初次投资的企业来说，由于其前期已经有非常完整的生产和分销体系，所以对于这种情况就没有太强的解释力；四是发展中国家的OFDI行为无法用该理论来解释。

2.2.1.3 内部化理论

内部化理论（the theory of internalization）1976年由英国里丁大学学者巴克利、卡森最先提出，后经加拿大学者鲁格曼进行了拓展。该理论认为中间产品市场的不完全性会导致企业交易成本的上升，企业基于利润最大化原则，会选择内部化方式来替代其在外部市场上的交易，跨国公司正是交易内部化的产物。该理论认为，当企业通过内部交易获得的收益比内部化成本和外部交易的成本之和要大，企业就会选择对外直接投资的方式来进行跨国经营，这样就能获得在不完全市场的交易过程中所无法获取的利润。

企业内部化的动机主要由以下四个方面的因素决定：一是东道国的政治、经济和法律等环境对跨国企业的影响；二是东道国和母国由于地理位置、文化差异等带来的交易成本；三是产品的市场结构、特点以及规模经济等行业特征的影响；四是企业的内部组织结构、文化、管理能力等因素对市场交易的影响。内部化理论认为，行业特征是最为关键的因素。企业内部化的成本和效果受到企业内部的组织管理能力的影响，只有企业利用其较高的内部管理能力才能将内部化的成本降到低于外部成本。

该理论将交易成本理论运用到国际直接投资领域，是西方学者研究跨国公司理论的一个重要转折点。之前的理论大都研究以美国为代表的发达国家跨国企业OFDI的动因和条件，而内部化理论则关注企业国际分工与生产的组织形式及企业间产品交换的方式。而且，该理论被视为关于对外直接投资的一般性理论，能够解释大部分国家（包括发达及发展中国家）直接投资的动机以及决定因素。但内部化理论又有其局限性，一是内部化理论解释不了跨国公司国际经营活动中的各种战略联盟、合同安排等方式的迅速增加所导致

的明显的外部化趋势；二是没有解释跨国公司短期内资本流向及生产区位选择问题。

2.2.1.4　国际生产折衷理论

国际生产折衷理论由邓宁于 1977 年首先提出。该理论在借鉴传统对外直接投资理论的基础上，将企业从事国际直接投资的竞争优势归纳总结为企业自身拥有的所有权优势（ownership）、内部化优势（internalization）和区位优势（location）。这就是跨国公司国际直接投资的所谓 OIL 范式，OIL 范式也成为对外直接投资研究领域的一条主线。其中所有权优势是指企业拥有的知识产权、研发能力等有形及无形资产，还有规模经济和范围经济所带来的相对东道国企业的优势。内部化优势是指企业利用自身的组织和管理能力进行对外直接投资活动，将所有权优势内部化以避免外部市场不完全所带来的交易成本过高或者企业所有权流失等问题。区位优势则是包括东道国在地理位置、自然资源、要素禀赋、市场规模、环境及政策因素等区位上的优势。上述三种优势的不同组合决定了企业对外经营的方式是出口、特许权经营还是对外直接投资，邓宁认为同时满足以上几种优势是企业选择 OFDI 的前提条件。

国际生产折衷理论吸收了传统投资理论的精华，考虑了跨国企业进行 OFDI 应该具备的综合条件，并且提出在前述的三种优势中，企业在拥有的不同优势组合下对外经营方式也存在差异。该理论是 OFDI 理论中最为经典的理论，被认为是 OFDI 领域里的"通论"。

但是，该理论也存在一些缺陷：一是该理论提出企业必须在同时具备三个优势的情况下，才有可能进行对外直接投资，因而无法解释那些没有同时拥有三种优势的发展中国家的对外直接投资行为，事实上一些发达国家利用其后发优势进行对外直接投资也取得了成功；二是该理论主要是基于企业微观视角来分析企业的对外直接投资行为，对于国家层面的宏观经济因素以及导致市场不完全的其他因素并没有加以充分考虑；三是该理论是从静态角度对三种优势之间的相互关系进行分析，缺乏时间维度上动态分析。

2.2.1.5　比较优势理论

从 20 世纪 70 年代起，日本经济经历了高速增长时期，与此同时，日本的对外直接投资也快速增长，但是日本的对外直接投资并没有出现如传统理

论所说的"替代出口"现象，日本制造业的"投资创造型"OFDI 不同于美国"贸易替代型"OFDI，因此传统 OFDI 理论不能解释日本企业 OFDI 的现象。小岛清于 1978 年提出了比较优势理论，他认为一个国家的 OFDI 应该遵循这样的原则也就是最先从本国有比较劣势的产业开始（这也正是东道国具有比较优势的产业）依次进行，因此这一理论也称为边际产业扩张理论。他认为日本正是基于这个原则进行 OFDI，从而开拓出新的市场，也优化了日本国内的产业结构，促进了日本的经济发展。

该理论的贡献在于：第一，该理论提出企业在 OFDI 的过程中不一定要具备绝对垄断优势，只要具有相对优势也一样能参与到 OFDI 活动中，这与海默等人的观点是存在根本区别的。按照传统的理论观点，只有经济发展水平较高的发达国家才有 OFDI 的机会，发展中国家则很少有机会参与 OFDI，而比较优势理论则颠覆了这种观点，因此该理论对于发展中国家的 OFDI 具有较强的理论指导意义；第二，该理论提出了 OFDI 的"贸易创造论"，这与传统理论认为 OFDI 是对贸易的替代的观点是截然不同的。但是，这个理论分析较难解释发展中国家通过后发优势进行产业结构调整优化的情况，同时该理论也不能解释 20 世纪 80 年代后日本对欧美等国家的 OFDI 现象。

2.2.2 发展中国家 OFDI 的理论

20 世纪 80 年代以来，随着发展中国家的不断崛起，这些国家的 OFDI 活动也越来越多，这一现象引起了很多学者的关注，越来越多的学者开始研究发展中国家的 OFDI 问题，并提出一系列具有代表性的理论。

2.2.2.1 小规模技术理论

刘易斯·威尔斯于 1977 年提出了"小规模技术理论"。在这个理论中，他主要分析了发展中国家企业在 OFDI 方面所具备的优势，这种优势主要来自跨国企业在向比他们经济更不发达的国家进行 OFDI 时所具有的优势。例如发展中国家跨国企业的小规模生产技术刚好满足了发展中国家小规模的产品市场，发展中国家的跨国公司相对于发达国家的跨国公司生产成本更低等。

小规模技术理论为发展中国家企业的 OFDI 提供了有力的理论支撑。该理论借鉴了 Vernon（1966）的"产品生命周期理论"，认为发展中国家生产的产品主要是发达国家早已成熟的而且是只适合小规模生产的产品，这样可能

会导致发展中国家在国际分工体系中永远处于技术边缘地带，这对发展中国家实现跨越式发展是不利的；同时，这个理论也很难解释当今国际直接投资领域出现的一些新的现象，比如发展中国家对发达国家的 OFDI 不断增加的现象。

2.2.2.2　投资发展周期理论

邓宁在 1981 年提出了投资发展周期理论，对国际生产折衷理论进行了延伸和发展。该理论动态地解释了一国经济发展与对外直接投资的关系。其核心观点是：一个国家的对外直接投资量与该国的经济发展水平密切相关。

邓宁以人均国内生产总值为标准将一国经济发展分为四个阶段，而且他还指出各个阶段直接投资的流出和流入情况，他认为，随着人均 GDP 的不断上升，一国的投资会沿着"没有外资流入和流出—有外资流入但资本流出很少—资本流入和流出都达到较大规模但净对外投资为负—对外直接投资达到非常大的规模且净对外投资为正"的路径演变，也就是说，一个国家人均GDP 越高，资本流出的能力越强。

投资发展周期理论提出了对外投资的动态性，从宏观上分析了一国 OFDI 的演进趋势和规律，这一规律在世界上大多数国家基本得到验证。但是该理论仅使用人均国内生产总值这个指标来反映各国的经济发展阶段并据此来判断各国的优势和对外投资变动的规律，难免缺乏准确性。

2.2.2.3　技术地方化理论

1983 年，拉奥提出了技术地方化理论，该理论解释了发展中国家的 OFDI 行为，对小规模技术理论进行了升华。他认为发展中国家的公司虽然有规模小、技术水平不高等缺陷，但是其通过对发达国家技术的吸收和创新使他们的产品能更好地满足当地市场的要求，从而具有了特定的"竞争优势"，促进了企业 OFDI。拉奥认为发展中国家的企业在 OFDI 过程中会不断吸收并创新发达国家的技术，而不是单纯地模仿，发展中国家的跨国企业因而就具有了竞争优势，该理论将经济落后国家跨国公司的研究引向微观层次，论述了欠发达国家的企业以比较优势参与国际投资的潜在优势。

2.2.2.4　技术创新产业升级理论

20 世纪 90 年代初，英国经济学家坎特维尔和托兰惕诺共同提出了"技术

创新产业升级理论"，分析了 20 世纪 80 年代以来发展中国家对发达国家 OFDI 的不断增长的特征。该理论认为发展中国家跨国公司的技术创新活动具有明显的学习特征，是一种连续不断的技术累积和技术升级过程。发展中国家和地区 OFDI 的产业和地区分布是不断变化的，从发展中国家 OFDI 的产业分布来看，会从资源开采业逐步向进口替代和出口导向的制造业转变。从 OFDI 的地区分布看，发展中国家首先会在周边国家进行 OFDI，然后逐渐转向其他发展中国家，最后会转向发达国家。

该理论解释了 20 世纪 80 年代以来发展中国家 OFDI 的地区分布由发展中国家向发达国家，OFDI 的产业分布由传统资源密集型产业向技术密集型产业转变的趋势，对于发展中国家通过技术升级促进 OFDI，进而提高国际竞争力具有重要意义。

2.3 金融约束影响 OFDI 的理论

Melitz（2003）在其提出的异质企业贸易模型中强调了企业生产率在其国际扩张过程中的作用，Helpman et al.（2004）扩展了 Melitz 的模型将其运用到对外直接投资领域[①]。这些模型隐含的假设是，企业可以在内部或不招致外部融资溢价的情况下为国外业务提供融资。在 Manova（2010）等学者的研究中，这一假设在介绍金融约束对 Melitz 模型中出口的影响时已被放松。Buch et al.（2010）从广义和集约边际研究了金融约束对企业出口和 OFDI 的影响。Buch et al.（2014）从企业层面分析了金融约束对企业对外直接投资的影响[②]，接下来本书主要对其理论模型进行介绍。

考虑一家跨国公司可以进入国外市场的决策问题。建立一个外国附属公司必须承担固定的市场进入成本，一旦公司决定设立一个国外分公司，它必须选择销售水平。

假设公司存在异质性，它们在生产率方面存在差异，假设企业生产的边

① HELPMAN E, MELITZ M J, YEAPLE S R. Export versus FDI with heterogeneous firms [J]. Scholarly articles, 2004, 94（1）: 300-316.

② BUCH C M, KESTERNICH I, LIPPONER A, et al. Financial constraints and foreign direct investment: firm-level evidence [J]. Review of world economics, 2014, 150（2）: 393-420.

际成本递增，商品价格保持不变。假设可变生产函数为 $k_x = \dfrac{x^2}{2(1+\beta)}$，其中 x 表示国外分支机构生产和出售的商品数量，β 为母公司的生产率，这个生产率也同样溢出到国外子公司，公司固定成本越高，生产率越低，进入国外市场面临的壁垒越高。

公司也面临着金融壁垒，因为建立分公司的成本和生产成本必须在生产开始前和收入产生之前支付。国外市场产生的收入是不确定的，收入为 px 的概率为 q，收入为零的概率为 $1-q$，p 为国外市场价格水平。

情形 1：企业没有流动性约束。

假设企业没有流动性约束，企业可以从内部资金中同时获得固定的投入成本和可变生产成本，从而最大化利润函数：

$$\pi = qpx - k(x) - F = qpx - \frac{x^2}{2(1+\beta)} - F \qquad (2-1)$$

根据一阶条件，解出 2-1 式国外分公司的最优销售量 $x_{FB} = (1+\beta)qp$ 并代入利润函数 2-1 式中，得到利润最优解：

$$\pi_{FB} = \frac{1}{2}q^2p^2(1+\beta) - F \qquad (2-2)$$

如果公司没有流动性约束，那么企业当且仅当 $\pi_{FB} \geq 0$ 时就会对外投资，而利润取决于公司的生产率。

情形 2：流动性约束下的对外扩张。

考虑公司存在流动性约束的情形，其流动资产 L 不足于支付其进入国际市场的进入和生产成本，公司需要外部融资，而且是通过债务融资，特别是从银行贷款的方式，公司可以从本国或者国外银行贷款。

令 D 表示为维持生产 x 单位产品所需的固定和可变成本而必需的信贷水平，给定可用的流动资金 L，得到：

$$D = k(x) + F - L \qquad (2-3)$$

进一步，令 $(1+r)D$ 表示公司要偿还的贷款本金加利息，正如 Manova（2013）等学者的研究，假设只有在国外市场销售收入为正的情况下，才能偿还信贷。同时我们排除如果国外分公司没有能力偿还信贷时，母公司会介入并偿还分公司信贷的可能性，那么公司要偿还的信贷超过其销售收入，也就是：

$$(1 + r) D \leqslant px \qquad (2 - 4)$$

为了描述金融合同中的执行问题，假设贷款的偿还是不确定的，即使分公司在国外市场的收入为正，也只有概率μ会偿还，且 $0 \leqslant \mu \leqslant 1$，这个执行参数有两层含义，一方面，它反映了不同国家间的制度质量差异，例如，在关于债权人的友好程度和合同的强制执行方面的法律制度可能不同。另一方面，它可以反映母国跨国银行在东道国更强大，因为他们能够获取关于东道国环境的有用信息，而且能够通过他们在国外的分支机构更密切地监控企业状况。这减少了信息不对称，使信贷执行更可能成功。在外商直接投资的情况下，执行参数是指东道国的执行情况。

企业可以抵押的信贷资产有两个来源：一是公司可抵押其在国外的固定投资 F；二是公司可以使用母公司提供的一个外生给定的抵押 $\bar{C}$，用 $C \leqslant \bar{C} + F$ 表示实际选择的担保，以确保信用，它的确切价值是由内生决定的。如果信贷得不到偿还，债权人可以没收抵押品弥补损失，但是清算只能变现抵押品的一部分（用 θ 表示），抵押品变现会有 $(1-\theta)C$ 的无谓损失。

在以下两种情况下，抵押品变现可能成为一个问题。第一种情况是公司没有收益，在这种情况下，抵押品变现是不可避免的；第二种情况是国外子公司有正的收益，但是债权人要求还款失败，在这种情况下，银行可以选择对抵押品进行清算，但这样做是低效的，因为清算有无谓损失。假设有效的重新谈判会使公司支付 θC，这个数额刚好是银行能从抵押品清算中所获得的金额，为了避免无效清算，银行会接受这个提议。现在考虑银行的零利润条件，它决定了给定 C 情况下的利率。

$$\mu q(1 + r) D + (1 - \mu q) \theta C = D \qquad (2 - 5)$$

只有在信贷还款被执行的情况下，银行才能获得之前承诺的信贷偿还款 $(1+r)D$，在其他情况下，银行只能获得抵押品的变现金额 θC，我们发现银行的风险溢价高于无风险利率，它在项目成功的概率 q 和清算程序的效率 θ 中下降。

$$(1 + r) D = \frac{D - (1 - \mu q) \theta C}{\mu q} \qquad (2 - 6)$$

前面曾提到最大的还款数额不能超过收益：

$$(1 + r) D = \frac{D - (1 - \mu q) \theta C}{\mu q} \leqslant px \qquad (2 - 7)$$

μ越小，质押担保满足这个条件就越重要。然而，由于对抵押品被实际进行清算时会有无谓损失，而且清算会以正概率发生，该公司将抵押品质押限制为获得所需信贷的最低限度。

将2-3式代入2-7式，并解出 C，得出企业为获取进入市场的固定成本融资而所需的最低抵押品数量。给定企业国外分公司的销售数量 x，考虑抵押品一定是非负的：

$$C^*(x) = \max\left\{0, \frac{[k(x) + F - L] - \mu qpx}{(1 - \mu q)\theta}\right\} \qquad (2-8)$$

需要的贷款越多，那么需要的最低抵押品数量也越多，但是前文提到抵押品 $C \leq \bar{C} + F$。

（1）无约束力的抵押品约束

假设抵押品约束没有约束力，那么，在给定的国外分公司的销售量 x 和抵押品 C 的情况下，公司的预期利润如下：

$$\pi = qpx - \mu q(1 + r)D - (1 - \mu)q\theta C - (1 - q)C - [k(x) + F] + D$$
$$(2-9)$$

公司通过选择最佳销售量 x 来最大化其利润，同时考虑到为进入市场和生产融资所需的抵押品 $C^*(x)$。使用 $D = k(x) + F - L$，还有2-6式和2-8式，得到：

$$\pi = qpx - k(x) - F - (1 - q)(1 - \theta)\max\left\{0, \frac{k(x) + F - L - \mu qpx}{(1 - \mu q)\theta}\right\}$$
$$(2-10)$$

从上式可以看出，如果 $C^*(x) = 0$，也就是说，如果信贷不需要提供担保，融资成本就不会影响对外直接投资决策，最佳销售量就可以实现。

然而，如果需要担保，公司预期利润将因预期清算成本即 $(1 - q)(1 - \theta)C^*(x)$ 而降低，对2-10式求利润最大化的一阶条件，得到企业最优的销售量：

$$x^* = \frac{1 + \mu z}{1 + z}(1 + \beta)qp < x_{FB}(\text{其中} z = \frac{(1 - q)(1 - \theta)}{(1 - \mu q)\theta}) \qquad (2-11)$$

考虑下一种情况也就是担保约束绑定在前面已经确定的最优销售量 $x = x^*$，也就是：

$$\overline{C} + F < C^*(x^*) = \left\{ 0, \frac{[k(x^*) + F - L] - \mu qpx^*}{(1 - \mu q)\,\theta} \right\} \qquad (2-12)$$

在这种情况下，x^* 不能实现，因为信用约束变得绑定，相反，产量处在一个较小的水平 $\overline{x}$，这是由可用的最大外生抵押品决定的：

$$\overline{C} + F = \frac{[k(\overline{x}) + F - L] - \mu qp\overline{x}}{(1 - \mu q)\,\theta} \qquad (2-13)$$

求解这个方程中的 x 并将其代入公司的利润函数中，会得到信贷约束下所能选择的最优的销售量和利润。

下面的命题描述了公司在有约束力的抵押限制和没有约束力的抵押限制下最大化问题的解决方案。

命题 1：公司利润最大化由以下等式决定①。

当 $C^*(x^*) = 0$ 时，$\pi^* = \dfrac{1}{2} q^2 p^2 (1 + \beta) - F = \pi_{FB}$ \qquad (2-14)

当 $0 < C^*(x^*) \leqslant \overline{C} - F$ 时，$\pi^* = \dfrac{1}{2} \dfrac{1 + \mu z}{1 + z} (1 + \beta)\, q^2 p^2 - z(F - L) - F \leqslant$

π_{FB} \hfill (2-15)

当 $C^*(x^*) \geqslant \overline{C} - F$ 时，$\overline{\pi} = qp\overline{x} - [k(\overline{x}) + F] - (1 - q)(1 - \theta)(\overline{C} + F) \leqslant$

π^* \hfill (2-16)

其中，$z = \dfrac{(1 - q)(1 - \theta)}{(1 - \mu q)\,\theta}$。

如果 $\theta = 1$，则 $z = 0$，且利润水平与第一个最佳情况相同。因此，只要抵押品的使用是昂贵的，它就会影响生产融资的边际成本，产量和利润也会低于第一个等式中的最佳利润。

当然，公司只有在它从投资中获得的最大化利润为正时，才会选择对外直接投资。

命题 2：比较静态分析。

下面的比较静态结果表征 FDI 的广义利润，总结哪些参数或多或少有可能确保非负利润。

$$\frac{d\pi}{d\beta} > 0, \ \frac{d\pi}{dp} > 0, \ \frac{d\pi}{d\theta} > 0, \ \frac{d\pi}{d\mu} > 0, \ \frac{d\pi}{dF} < 0, \ \frac{d\pi}{dL} > 0$$

---

① 详细的推导可参阅 Buch、Kesternich 和 Lipponer 等（2014）。

$$\frac{d\pi}{d\bar{C}} \geqslant 0 \text{（如果担保约束是绑定的，则 } \pi = \bar{\pi} \text{；非绑定则 } \pi = \pi^* \text{）}$$

更进一步，$\dfrac{d^2\bar{\pi}}{d\bar{C}d\beta} > 0,\ \dfrac{d^2\bar{\pi}}{dLd\beta} > 0$

公司的利润随着公司的生产率和国外市场的盈利性而增强。此外，东道国更好的合同执行力对利润产生了积极影响，因为它降低了使用昂贵抵押品的要求，提高了信贷抵押品清算效率，降低了成本。较高的固定成本不仅直接降低了预期利润，而且间接地降低了预期利润。投资固定成本越高，企业用于投资的流动资金越少，反过来，意味着更需要使用昂贵的信贷抵押品。因此，固定成本有比直接影响更大的负面间接影响。担保最大化也只有当它施加一个绑定约束时才会影响企业利润。

我们还发现由流动资金和可用的抵押担保品来衡量的公司的财务状况对生产率更高的企业有更大的边际效应，在没有金融约束的情况下，生产率更高的公司将更有可能在国外投资。因此，生产率更高的公司在国际市场扩张战略中更容易受到金融约束的阻碍。也就是说，金融约束确实影响到了有意愿进行对外直接投资的企业的投资行为，而且具有负向影响。

2.4　金融发展对 OFDI 的影响路径

企业在对外直接投资过程中，其海外分支机构的建立与运营都需要大量的资金投入，而且这些资金大多不能依赖于企业自有资金，而是需要进行内部或者外部融资，企业获取融资的便利程度和融资成本的高低将直接影响企业对外直接投资的决策。

Modigliani 和 Miller（1958）指出，在资本市场完美的假设条件下，企业总能够从资本市场获取外部融资，而且内部融资和外部融资成本相同，因此企业在投资时不存在融资约束问题。但是现实的资本市场并不符合完全性假设，Myers 和 Majluf（1984）等最早将信息不对称引入资本市场，提出了著名的优序融资理论（pecking order theory），认为外部融资要支付的成本更多，因此企业融资一般要遵循先内部融资再外部融资的顺序。在不完全的资本市场

中，由于信息不对称从而产生了交易成本，因此提高了企业的融资成本，导致企业融资难度加大。由于资本市场的不完美和信息不对称，企业在选择不同融资方式时会产生较大的成本差。因为企业外部的融资成本高于企业内部的融资成本，企业无法支付过高的外部融资成本而产生了融资不足，也就是融资约束。Kaplan 和 Zingales（1997）也认为当企业的外部融资成本大于内部融资成本的时候就会面临融资约束。还有 Hoshi et al.（1991），Carreira（2011）等的实证研究都证实了融资约束的存在。

融资约束对企业的出口及对外投资行为有显著影响（Helpman et al.，2004；Buch et al.，2010；Todo，2011；吕越 等，2015）。较大的融资约束会提高企业的融资成本，企业要承担较高的融资成本则需要具备更强的盈利能力，由此提高了它们进入国际市场的难度；另外，企业获取融资的限制条件也增加了，尤其是对于那些民营企业和对外投资规模较大和周期较长的企业来说，企业很难获取足够的资金，因而抑制了本有机会进行对外直接投资的企业的投资行为。另外，企业对外直接投资作为跨国投资行为，很容易受到东道国宏观经济及政治因素的影响，而且具有固定投资高及投资周期较长等特点，因此相比国内投资风险较高，对风险保障的要求也较高。企业在进行对外直接投资决策时必须首先考虑投资风险问题。因为市场不完全，企业只能利用有限的信息来对投资项目的收益和风险进行评估，再来做投资决策。因为受限于信息和风险评估能力，企业的投资面临很大的不确定性，而不确定性就意味着存在风险，当企业对外投资的风险高于企业的承受能力时，企业一般会放弃投资。解决企业对外直接投资过程中的融资约束和降低投资风险必须依靠成熟发达的金融市场。

2.4.1 金融规模对 OFDI 的影响路径

2.4.1.1 金融规模扩大能够缓解企业 OFDI 的融资约束，降低融资成本

首先，一国金融规模的扩大（银行信贷规模、股市规模和债券市场规模）能够为企业 OFDI 提供企业所需的投资资本，缓解资金约束。银行信贷规模的扩大给企业提供了更多的间接融资机会，尤其是在许多发展中国家，融资渠道主要是银行信贷，因此银行信贷规模对缓解企业对外直接投资过程中的融资约束的作用更大；而股市规模和债券发行规模的扩大则为企业提供了更多

直接融资的机会，股市和债券规模的扩大对缓解发达国家企业的融资约束的作用更大。Rajan 和 Zingales（1998）研究发现在金融市场发达的国家，依赖外部融资的行业的成长性更好，因为企业能够享受金融发展带来的融资便利，可以把握投资机会；而金融欠发达的国家的企业在 OFDI 过程中更容易受到融资约束的影响。

其次，金融规模的扩大会使企业 OFDI 过程中的融资成本下降，因为金融规模的扩大会带来规模经济效应，降低了企业的融资成本，增加了企业融资渠道，更好地满足了企业的融资需求。

2.4.1.2 金融规模扩大能降低企业国际化（OFDI）的固定成本

Helpman 等（2004）利用一般均衡模型解释了异质性企业进入国际市场的方式是选择出口还是 FDI，他们认为生产率较高的企业才会选择进入国际市场，而生产率最高的企业才会选择以 FDI 的方式进入国际市场[1]。Manova（2008）和 Berthou（2010）提出金融发展可以降低企业国际化固定成本。在一个生产效率存在异质性的行业内，最初由于企业出口要支付固定成本，所以只有少数企业能够出口；当金融发展规模扩大后，金融市场能为企业出口提供外部融资，企业出口的固定成本得以降低，之前部分不出口的企业也变成出口企业，之前出口的企业则出口产品数量增加，即金融发展（规模）增加了贸易的深度和广度；当金融发展规模继续提升后，所有企业都可以出口，由于金融发展规模扩大使得企业 OFDI 的固定成本下降，一部分生产效率相对更高的企业会选择以对外直接投资的方式来进入国际市场。因此，金融发展规模的扩大促进了企业从不出口向出口转变，其进一步的发展又促进企业由出口向对外直接投资转变[2]。因此，金融发展规模最终促进了企业对外直接投资的增加。

2.4.1.3 金融规模扩大能够降低企业 OFDI 的风险

首先，随着金融发展规模的扩大，金融机构竞争更加激烈，在激烈的竞争中，金融机构识别和评估项目风险的能力、加强风险监管的能力得到增强，

---

① HELPMAN E, MELITZ M J, YEAPLE S R. Export versus FDI with heterogeneous firms [J]. Scholarly articles, 2004, 94（1）：300-316.

② 施炳展，齐俊妍. 金融发展、企业国际化形式与贸易收支 [J]. 世界经济，2011（5）：44-45.

通过增加信息传递减少信息不对称（Levine，1997），降低了信息不对称带来的风险从而优化了资本配置，外部融资成本得以下降，引导资本流向风险适度、回报率更高的优质项目（Rajan 和 Zingales，1998；Wurgler，2000）。因此，在企业自身没有能力对投资项目进行充分评估时，可以委托相关的金融机构，由金融机构向企业提供专业的咨询服务以帮助企业评估投资价值及风险，降低了企业投资风险，提高了投资回报率。

其次，金融发展规模扩大可以为 OFDI 提供风险保障，降低 OFDI 的风险。随着金融发展规模的扩大和发展水平的提高，尤其是保险类金融机构规模的扩张，金融市场上出现了更加丰富和完善的保险、担保产品，为企业对外直接投资提供了良好的风险保障。企业在海外投资过程中面临许多不可控的风险，如政治风险、经济风险等。发达金融市场中的各类金融保险和担保机构可以针对企业投资过程中的不同风险状况为企业提供各种丰富的保险和担保产品，为企业 OFDI 扫清了许多风险障碍。当企业无法偿还贷款时，担保机构可以承担担保合同条款范围内的贷款偿付，一方面保障了给企业提供融资的银行的权益；另一方面由于企业有了金融机构的担保，获取融资更加容易。非融资担保主要是金融机构通过提供保函等方式，保障投资项目合同的正常执行，解决了企业对外投资过程中的一些顾虑。随着金融发展规模的扩大和水平的提升，金融机构能够为企业提供更多和更好的保险和担保服务，这能增强企业的海外投资意愿并成为企业 OFDI 过程中的坚强后盾。

最后，因为金融发展水平高的国家能够为企业提供更全面的保险，降低了企业投资的风险，所以金融发展水平高的国家更倾向于持有高风险和高收益的资产如 OFDI。而金融发展水平低的国家则倾向于持有低风险的证券资产，因此风险控制后高金融发展水平的国家的投资收益率要高于低金融发展水平的国家（Mendoza，2009）。金融发展水平较低的国家的金融利率与边际资本收益之间普遍存在着资本"楔"，因此金融发展程度不高的新兴市场经济体的资本以金融资本的形式流出去购买发达国家债券，而金融发展水平高的发达国家受"楔"的影响小，它们对新兴市场经济体进行投资时获得的收益率高于本国金融利率，因此资本以 OFDI 的形式流出[①]。随着金融发展水平的

① JU J，WEI S J. Domestic institutions and the bypass effect of financial globalization [J]. American Economic Journal Economic Policy，2010，2（4）：173-204.

提高，企业投资风险得到更有效的控制，受资本"楔"的影响不断减小，企业更倾向于投资高风险和高收益的资产和项目，投资收益率上升，对外投资活动增加。另外，金融发展水平的提升能为企业对外直接投资提供更优质投资决策及金融咨询等服务，促进了企业对外直接投资收益率的提高。

2.4.1.4 金融规模扩大给企业提供充足研发投资资金

企业生产率提高的一个关键因素就是研发能力，而企业的研发环节需要投入大量的研发和人力资本。金融发展能给企业提供充足的研发资金，带来企业技术进步和生产率的提高，因为无论是企业自身研发创新、培养高素质的研发人才，还是从国外引进先进设备和技术，都需要雄厚的资金支持。而且一般研发周期较长，大量的研发投入很难在短期内转化为产出，那么企业更需要有充足的资金来承担高昂的研发投资。而金融发展带来金融机构规模扩大和金融工具的创新，使企业通过各种直接或者间接融资渠道顺利筹集所需资金，满足了企业自身研发或者技术引进的资金需求。

金融规模对 OFDI 的影响路径如图 2.1 所示。

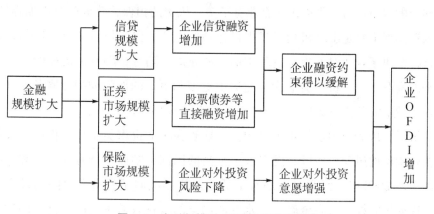

图 2.1　金融规模对 OFDI 的影响路径①

2.4.2　金融结构对 OFDI 的影响路径

2.4.2.1　金融结构的优化提高了企业 OFDI 的效率

企业的外部融资渠道主要有以股票、债券为主的直接融资方式和以银行

---

① 在本影响机理图中，作者认为信贷规模的扩大对发展中国家的影响更大，证券市场规模的扩大对发达国家的影响更大。

信贷为主的间接融资方式。随着金融结构的优化，股票、债券等直接融资方式的比重会逐渐上升，间接融资的比重则会不断下降。银行信贷这种间接融资方式利用了银行的吸储能力，但由于资金供需双方无法直接沟通，双方信息不对称，投资者无法控制资金的风险，完全依赖银行的风险识别和监管能力，提高了融资成本。而股票、债券等直接融资方式的沟通和监督成本要低于间接融资方式，因为直接融资方式是资金的供需双方根据彼此掌握的信息直接建立关系，融资人需要接受投资人的监督，因此会促使投资者在投资项目的选择上进行严格考察和评估，选择优质投资项目，在对外投资过程中不断创新，提高对外直接投资的效率。

2.4.2.2 金融结构的优化能满足企业 OFDI 过程中的长期融资需求

对外直接投资相对国内投资一般周期更长，资金需求量大，风险也相对更高，特别是一些投资周期较长的项目，更是如此。因此对外直接投资企业一般都希望能获得中长期融资来满足他们在 OFDI 过程中的资金需求，银行信贷在期限上相对较短，难以满足企业投资周期较长的项目的资金需求；而股票和债券的资金期限较长，融资数额一般也更大，更符合企业 OFDI 过程中的长期融资需求。

金融结构对 OFDI 的影响路径如图 2.2 所示。

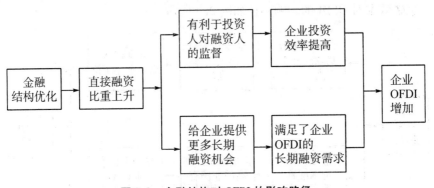

图 2.2　金融结构对 OFDI 的影响路径

2.4.3　金融效率对 OFDI 的影响路径

2.4.3.1　金融效率的提高使企业间接融资成本下降

金融发展带来金融市场效率的提升。随着金融发展水平的提升，银行等金

融机构的规模不断扩大，成本降低，金融机构将储蓄转化为企业投资的效率得以提高，降低了资金在金融体系的内部循环，使资金更容易进入实体部门①，降低了企业的间接融资成本也就是贷款成本，因此存贷比的提高一方面使企业更容易获取信贷融资，另一方面使得企业贷款成本下降，进而促进了企业 OFDI。

2.4.3.2 金融效率的提高优化了资本配置效率

金融发展使金融机构之间的竞争更为激烈，在相互竞争中金融机构的信息搜集和处理能力得到提升，降低了金融市场中的信息不对称和交易成本。这样金融机构更容易对企业和投资项目进行较准确的评估，将信贷资金投向优质企业和收益更高的项目，提高资本配置效率。Love（2003）研究发现金融发展能够减少企业的"道德风险"及"逆向选择"问题，进而减少资本市场不完全所导致的信息不对称，降低企业的融资成本。

另外，随着金融发展程度的不断提高，金融抑制的现象得到改善，对于中国来说，政府没有完全放开对金融市场的监管，金融机构更青睐于将款项贷给国有企业，而事实上国有企业的资金使用效率较低，民营企业对资金的需求和使用效率比国有企业高，但是其获得的银行贷款偏少，民营企业相对国有企业在 OFDI 过程中存在更明显的融资约束问题②。金融抑制导致资金的供需结构不平衡，而资本配置效率的提高会使资金更多地配置到一些生产效率高的民营企业，促进了这些企业的 OFDI。

金融效率对 OFDI 的影响路径如图 2.3 所示。

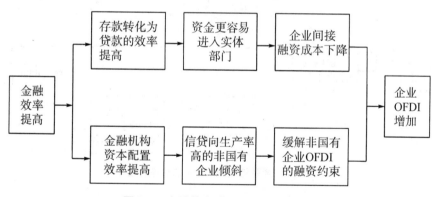

图 2.3　金融效率对 OFDI 的影响路径

①　沈红波，寇宏，张川. 金融发展、融资约束与企业投资的实证研究［J］. 中国工业经济，2010（6）：55-64.

②　黄益平. 对外直接投资的"中国故事"［J］. 国际经济评论，2013（1）：20-33.

2.5　本章小结

本章首先分别梳理了金融发展以及对外直接投资的理论及其发展脉络，接着分析了金融发展对 OFDI 影响的理论以及影响机理。通过对基础理论的梳理和金融发展影响 OFDI 路径的分析，本书得到了金融发展对 OFDI 影响的逻辑基础，明确了接下来要解决的问题和创新方向。

从金融发展理论的发展过程来看，从戈德史密斯的金融结构论，到麦金农和肖的金融深化论，再到后来的金融约束论、内生增长理论和可持续发展理论，金融发展理论越来越客观、全面地解释了金融发展与经济增长的关系，越来越符合当今经济和社会发展的规律，尤其是中国学者白钦先在金融资源论的基础上，结合了金融发展理论和可持续发展理论，提出了金融可持续发展理论。他提出金融是一种战略性稀缺资源，金融资源直接影响到经济和社会的可持续发展；其社会属性是一种可以配置其他所有资源的资源，因而金融资源也构成了生态环境的一部分即金融生态环境。这一属性决定了实现经济和社会可持续发展的前提是实现金融的可持续发展。这种新的动态的金融资源观为金融可持续发展理论构建了夯实的基础，不仅是国内而且也是世界金融科学研究的重大创新。

对外直接投资理论的发展脉络体现了对外直接投资的发展特点，对外直接投资开始于发达国家，因此早期的理论基本上都是分析发达国家对外直接投资的特点及优势，包括垄断优势理论、产品生命周期理论，内部化理论、国际生产折衷理论和比较优势理论；20 世纪 80 年代以后，发展中国家对外直接投资活动日益增加，一些学者们开始关注和研究发展中国家对外直接投资现象，并提出了一些有代表性的理论，这些理论对日后发展中国家的对外直接投资活动具有一定的现实指导意义，尤其是中国作为最大的发展中国家，其中的很多理论思想都值得借鉴。

最后，本章分析了金融发展对 OFDI 影响的理论和机理，当前关于金融发展影响 OFDI 的理论还比较缺乏，本章主要介绍了 Buch et al. （2014）关于金融约束对 OFDI 影响的理论模型。在既有文献的基础上，本章分析了金融发展

影响对外直接投资的路径，具体包括以下三条路径：金融规模影响企业 OFDI 的路径、金融结构影响企业 OFDI 的路径以及金融效率影响企业 OFDI 的路径。金融发展影响 OFDI 的理论和路径为本书接下来的实证分析提供了理论支撑，是本书接下来进一步研究的基础。

3 | 中国金融发展与 OFDI 的演进

金融发展和对外直接投资的演进分析是本书接下来分析的基础。首先，本书从对外直接投资的总体发展概况、投资行业结构及产业结构、投资的地区分布及投资方式系统分析中国 OFDI 的演进状况，接下来将从金融发展的规模、结构和效率三个方面分析中国金融发展的演进状况。

3.1 中国金融发展的演进

中国金融市场的发展大致经历了四个阶段。第一阶段是中华人民共和国成立后到 20 世纪 80 年代末，这一阶段中国没有中央银行和金融市场，只有政府统一计划的银行存贷款业务；第二阶段是 20 世纪 90 年代初，1990 年 11 月 26 日和 12 月 1 日上海证券交易所和深圳证券交易所的分别成立标志着中国股票市场的建立。1991 年，中国首次实行了国债承购包销，但是由于当时没有实现利率市场化，因此还不算真正的承购包销。1994 年，中国开始引入债券的一级自营制度，后来随着国债发行规模的扩大，政府对国债一级自营商实行了承购包销。1996 年，中国实行了国债的无纸化招标，引入了竞争机制，国债发行的市场化程度得到进一步提高。1994 年，中国银行体系改革，中国人民银行开始行使中央银行的职责，逐步建立起金融监管体制。第三阶段是 1996—2010 年，这一阶段是计划的存贷款利率和市场化的债券市场利率的双

轨制阶段，股票市场和债券市场的规模和市场化程度在此阶段都有了很大提高，金融监管得到进一步加强。第四阶段是 2010 年以后，这一阶段是银行存贷款利率逐步市场化的阶段，金融市场的混业经营成为主要特征①。

3.1.1 金融发展规模的演进

自中华人民共和国成立以来尤其是改革开放以来，中国的金融体系日益完善，金融规模不断扩大，金融市场逐渐成熟。目前，中国已建立起以各类银行、证券公司和保险公司为主体的比较健全的金融组织体系。本书接下来也主要分析以银行业、证券业和保险业为代表的金融机构现状。

3.1.1.1 银行业金融机构的规模演进

第一，从银行业的总体规模来看，目前中国已经形成包括政策性银行、各类商业银行、城市信用社、农村信用社、外资银行、新型农村金融机构和邮政储蓄银行的多元化、多层次的银行体系。我国银行业保持稳健运行，2016 年的总资产达到 232 万亿元，同比增长 15.8%，创历史新高，本外币负债总额为 215 万亿元，同比增长 16.0%，资产和负债规模都实现稳步增长。同时，2016 年商业银行实现净利润 16 490 亿元，同比增长 3.54%。2018 年，银行业的总资产达到 261.4 万亿元，同比增长 6.4%，2018 年商业银行实现净利润 18 302 亿元，同比增长 4.7%。

第二，从央行货币供给量来看，图 3.1 反映了中国货币供给 M2 的数量及增长率情况，从图中可以看出，央行货币供给量 M2 规模逐渐扩大，从 1995 年的 6.08 万亿元增加到 2018 年的 182.67 万亿元，年均增长 16.03%。我国历年 M2 的同比增长率都在 8% 以上，2009 年 M2 的增长率最高，达到 27.58%。因为 2009 年受到美国次贷危机和欧债危机的影响，全球经济不景气，中国政府为了保经济增长，实施了宽松的货币政策。2009 年以后，货币供给增速整体呈下降趋势。

① 陈志武，黄益平，巴曙松，等. 中国金融改革，未来会怎样？[M]. 杭州：浙江大学出版社，2017.

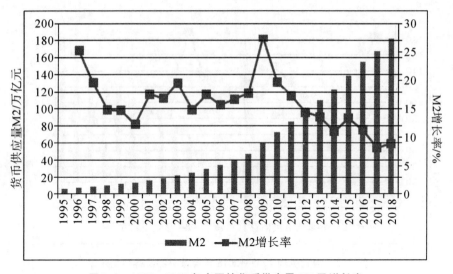

图 3.1 1995—2018 年中国的货币供应量 M2 及增长率

数据来源：历年《中国金融年鉴》。

第三，从金融机构的存贷款总额来看，图 3.2 和图 3.3 分别列出了中国金融机构历年的存款总额及贷款总额和增长率的情况，从图中可以看出，金融机构的存款总额和贷款总额逐年增长，金融机构存款总额从 1995 年的 5.39 万亿元增长到 2018 年的 182.52 万亿元，年平均增长 16.66%；金融机构贷款总额从 1995 年的 5.05 万亿元增加到 2018 年的 141.75 万亿元，年平均增长 15.71%，存款总额的年均增长率稍高于贷款总额的年均增长率。从金融机构存款增长率和贷款增长率的曲线图来看，2009 年是一个分水岭，2009 年以前金融机构的存款同比增长率基本上都要高于贷款同比增长率。2009 年由于央行实施了扩张性的货币政策，该年是所有年份中存款及贷款同比增长率最高的年份，分别达到 28.21% 和 31.74%，2009 年以后的大部分年份的贷款同比增长率都要高于存款同比增长率（2015 年除外）。

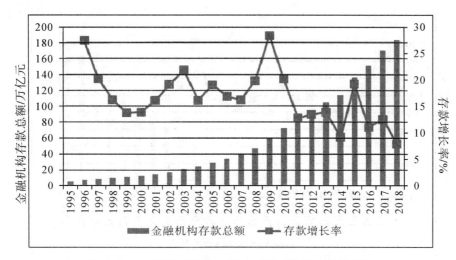

图 3.2　金融机构 1995—2018 年存款总额及存款增长率

数据来源：历年《中国金融年鉴》。

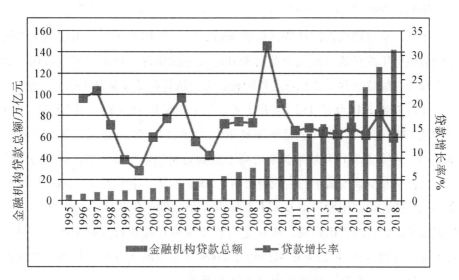

图 3.3　金融机构 1995—2018 年贷款总额及贷款增长率

数据来源：历年《中国金融年鉴》。

3.1.1.2　证券业金融机构的规模演进

第一，从股票市场来看，图 3.4 和图 3.5 分别反映了中国上市公司数量和股票市值的变化趋势，中国上市公司的数量从 1995 年的 323 家增加到 2018 年的 3 584 家，年均增长 9.02%。中国股票市值从 1995 年的 0.35 万亿元增加到 2018 年的 43.49 万亿元，流通市值达到 35.38 万亿元。从股票市值占 GDP

比重的变化可以看出 2007 年是股票市值占 GDP 比重最高的一年，达到 121.11%，这与当年的牛市行情有关。图 3.6 反映了中国历年的股票筹资额，1995 年中国的股票筹资额只有 150.32 亿元，2018 年增长到 11 378 亿元，而且 2006 年之后的股票筹资额相对 2006 年之前有一个放量增长。总的来说，随着中国金融市场的不断发展，通过股票这种直接融资方式来获取融资的企业数量不断增加，股票融资金额越来越大，这对缓解企业对外直接投资过程中的融资约束起到了非常重要的作用。

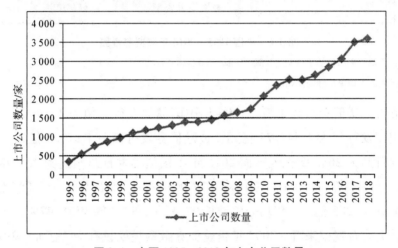

图 3.4　中国 1995—2018 年上市公司数量

数据来源：国家统计局网站。

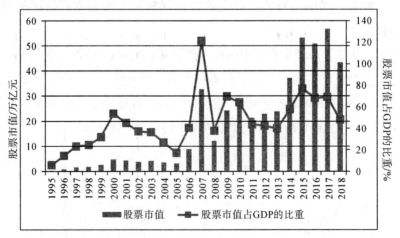

图 3.5　中国 1995—2018 年股票市值及其占 GDP 的比重

数据来源：历年《中国金融年鉴》。

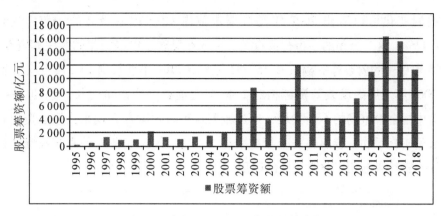

图 3.6 中国 1995—2018 年股票筹资额

注：股票筹资额包括了 A 股、B 股、H 股、N 股筹资额。

数据来源：国家统计局网站。

第二，从债券市场来看，1996 年中国债券发行总额为 3 172.29 亿元，其中国债发行额为 1 847.77 亿元，金融债券发行额为 1 070.2 亿元，企业债券发行额为 268.92 亿元；而 2018 年中国债券发行总额达到 435 968.07 亿元，年均增长 91.49%，其中国债 77 063 亿元，金融债券 102 095 亿元，企业债券 67 205 亿元，年均分别增长 97.38%，83.40% 和 79.47%。从企业债券社会融资规模来看，2002 年企业债券融资规模只有 367 亿元，2018 年达到 67 205 亿元，年均增长 36.97%。由此可见，中国债券市场发展规模增长较快，债券市场的不断成熟和完善以及规模扩大为企业直接融资提供了更多的机会。

第三，从基金市场来看，中国证券投资基金数量由 1999 年的 6 只增加到 2018 年的 5 580 只（见图 3.7），证券投资基金的规模由 1998 年的 120 亿元增长到 2018 年的 128 961.3 亿元（见图 3.8），证券投资基金成交额由 1998 年的 555.33 亿元增加到 2018 年的 102 704.6 亿元（见图 3.9）。

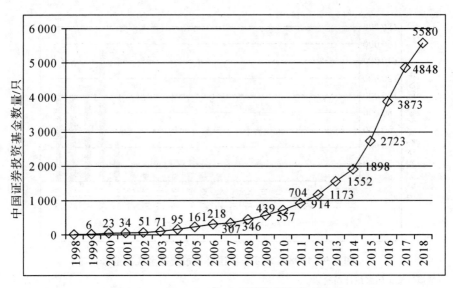

图 3.7　1998—2018 年中国证券投资基金数量

数据来源：历年《中国金融年鉴》。

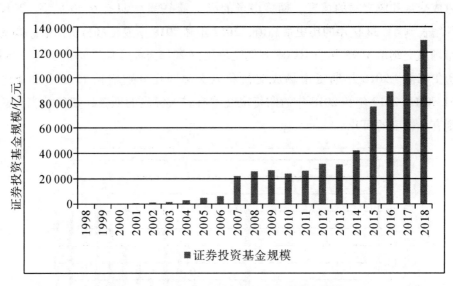

图 3.8　1998—2018 年中国证券投资基金规模

数据来源：国家统计局网站。

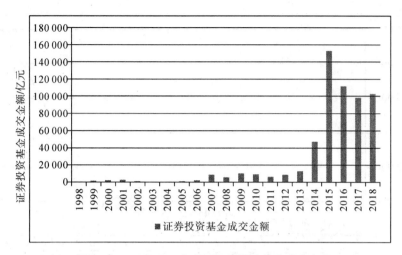

图 3.9　1998—2018 年中国证券投资基金成交金额

数据来源：国家统计局网站。

第四，从期货市场来看，图 3.10 和图 3.11 分别反映了中国期货市场的总成交量和成交额的情况，期货市场的成交量 1995 年只有 6.36 亿手，2016年增长到 41.38 亿手的历史最高值，2017 年和 2018 年成交量有所回落。期货市场成交额由 1995 年的 10.06 万亿元增加到 2015 年的 554.23 万亿元，达到历史峰值。2016 年期货市场成交量和成交额同比分别增长 15.65% 和下降64.70%。2017 年和 2018 年的期货成交量有较大幅度的回落，期货总成交额则有小幅度的回升。

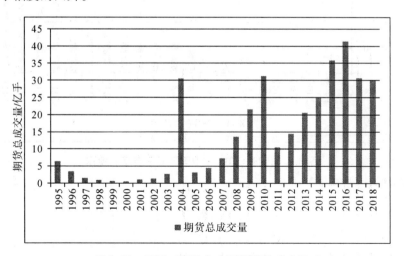

图 3.10　1995—2018 年中国期货总成交量

数据来源：国家统计局网站。

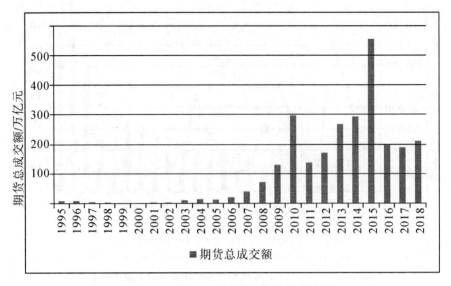

图 3.11 1995—2018 年中国期货总成交额

数据来源：国家统计局网站。

3.1.1.3 保险业金融机构的规模演进

在中国银行业、证券业等金融行业快速发展的同时，保险业自改革开放以来发展态势良好，尤其是近年处在一个快速上升的过程中。中国保险业资产总额从 2002 年的 6 320 亿元增长到 2018 年的 183 305.24 亿元，年均增长25.45%，规模发展迅猛。保险业保费收入由 1995 年的 453 亿元上升到 2018年的 38 016.62 亿元，保费收入逐年递增，年均增速 22.28%，如图 3.12 所示。2016 年保费首次突破 3 万亿大关，同比增长 27.49%，远远超过 6.7%的GDP 增速。

从保险深度和保险密度来看，如图 3.13 所示，中国的保险深度在 2000年为 1.8%，2018 年为 4.22%，保险深度总体呈现波浪上升趋势，说明保险业在我国国民经济中的地位越来越重要；保险密度由 2000 年的 126.3 元增加到2018 年的 2 724.46 元，年均增长 19.75%，说明中国居民和企业参与保险的程度不断加深，保险业的发展规模不断扩大。

保险业的发展给企业提供了更多的风险保障，让企业能够规避更多的投资风险，促进了企业对外直接投资。

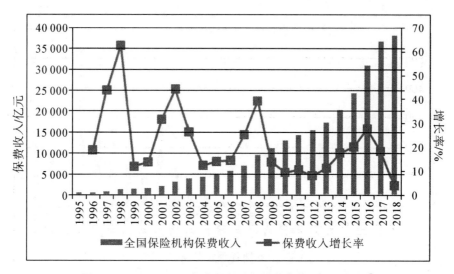

图 3.12　1995—2018 年中国保险机构保费收入及增长率①

数据来源：历年《中国金融年鉴》。

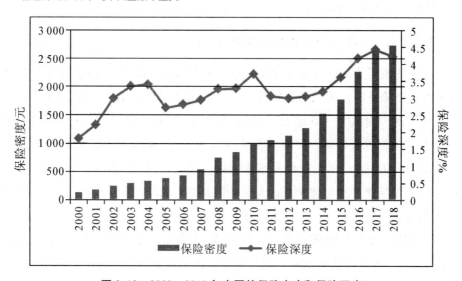

图 3.13　2000—2018 年中国的保险密度和保险深度

数据来源：历年《中国金融年鉴》。

3.1.2　金融发展结构的演进

结合本书接下来的写作思路，在此主要反映社会融资结构。图 3.14 反映

----

① 由于 2010 年实行新会计准则，保险业统计口径发生变化，与往年不具可比性，因而未提供"同比增长"数据。

了中国企业各种主要融资方式在社会融资规模中的占比情况。从两种主要的直接融资方式来看，股票融资占比由 2002 年的 3.1% 上升到 2018 年的 9.31%，股票融资在社会融资规模中的占比总体来看处于上升趋势，虽然有些年份有所下降；债券融资占比由 2002 年的 1.8% 增加到 2018 年的 19.22%，在 2005 年之前债券融资在社会融资总额中一直是微不足道的，占比徘徊在 2% 以下，2005 年债券融资占比首次超过 5%，之后其占社会融资总额的比重就不断攀升，在 2018 年达到 19.22% 的历史最高值。2005 年企业债券融资占比首次超过股票融资占比，自 2008 年以来债券融资规模已大大超过股票融资规模。从主要的间接融资方式来看，贷款融资则由 2002 年的 96.5% 下降到 2018 年的 79.3%，虽然贷款融资目前仍然是企业最主要的融资方式，但是其在融资总额中的占比总体来看在下降，2004 年以后降到 90% 以下，近年都在 80% 左右徘徊。

总体来看，中国企业的融资结构中，直接融资的比重在不断上升，而间接融资的比重在不断下降，直接融资中又以债券融资的发展更为突出，说明随着中国金融市场的不断发展，股票和债券市场不断走向成熟，企业融资结构逐步优化，这对缓解企业对外直接投资过程中的融资约束，促进企业对外直接投资具有重要意义。

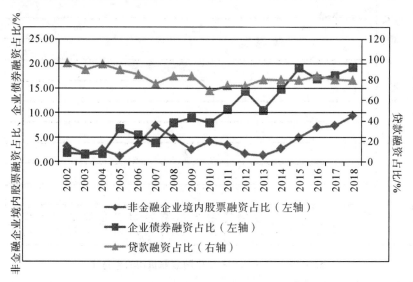

图 3.14　2002—2018 年中国非金融类企业主要融资方式占比

数据来源：根据 Wind 资讯相关数据绘制。

3.1.3　金融发展效率的演进

3.1.3.1　金融机构的存贷比[①]

存贷比反映了金融机构将储户存款转化为贷款的效率，一方面存贷比越高意味着金融机构将储蓄转化为投资的效率越高，金融机构的盈利能力越强；另一方面存贷比也不能过高，存贷比过高有可能引发支付危机。过去央行为防止银行过度扩张，规定了商业银行最高的存贷比例为75%，这一规定限制了银行的盈利空间，在实际操作中难以真正落实。75%的监管指标已经于2015年10月1日起取消，现在普遍认为存贷比例不高于85%比较合适。如图3.15所示，中国金融机构的贷款与存款的比值总体上呈现一个先下降然后趋向平稳的走势，存贷比由1995年的93.83%降到2018年的76.26%，在1999年之前，存贷比都高于85%，之后降到85%以下，近年都在70%左右波动。存贷比的下降一方面反映出金融机构的存贷比相比之前更加合理，另一方面由于金融市场的不断发展，企业有更多机会选择股票、债券等直接融资，相对减少了对于贷款这种间接融资的需求。

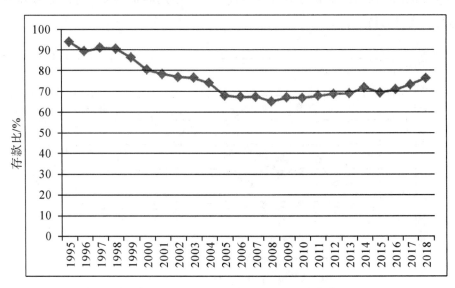

图 3.15　1995—2018 年中国金融机构的存贷比

数据来源：历年《中国金融年鉴》。

[①]　"存贷比"也就是金融机构的贷款余额与存款余额的比值。

3.1.3.2 金融市场的资本配置效率

在中国政府对金融机构施加政治影响的背景下，以四大国有商业银行为主导的间接融资体系在提供信贷时更偏向国有企业（王勋，2013），而民营企业等非国有企业在获取融资时则困难重重。然而非国有企业和部门正是我国经济中最具有活力的部门，一般来说，非国有企业的经营效率要高于国有企业，盈利能力也强于国有企业。因此，金融机构给非国有企业和部门贷款的比重从一定程度上反映出金融市场对资本配置效率的高低。因为我国并没有直接提供金融机构对非国有部门的贷款数据，本书借鉴李梅，柳士昌（2012）的方法①，使用"总贷款/GDP×（1−国有经济固定资产投资总额/全社会固定资产投资总额）"这个公式来大致测算非国有部门的贷款比重。图3.16反映了金融机构对非国有部门贷款比重的情况，从图中我们看到，非国有部门贷款与GDP的比值一直处于上升趋势，从1995年的37.54%上升到2018年的115.48%，这说明随着中国金融市场发展的逐步成熟，金融市场的资本配置效率在不断提升，非国有部门获取贷款融资的机会和份额不断增加。

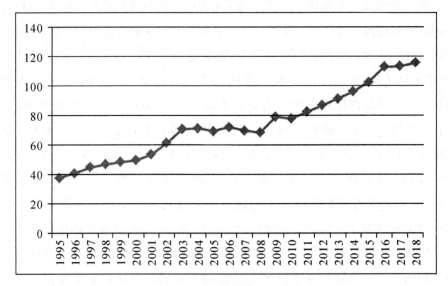

图3.16　1995—2018年中国非国有部门贷款与GDP的比值

数据来源：根据国家统计局网站相关数据计算。

① 李梅，柳士昌. 对外直接投资逆向技术溢出的地区差异和门槛效应——基于中国省际面板数据的门槛回归分析 [J]. 管理世界，2012（1）：21-32.

3.1.3.3　储蓄转化为投资的效率

2018 年我国银行存款利率均值约为 3.33%，央行贷款基准利率均值约为 4.31%，考虑商业银行利率上浮等各种因素，实际贷款利率要高于 4.67%，民间借贷利率则更高①。然而信用等级不高的企业很难发行公募债券，中小企业和民营企业发行债券的成本很高，尤其是当前受市场利率上升的影响，企业债券融资成本攀升，债券融资额减少。也就是说一方面中国货币政策工具利率较低，但是另一方面国内企业融资成本却居高不下，储蓄转化为投资的中间环节多，资金在金融体系内部循环，难以进入实体，巨额利差都消耗在金融市场，金融市场效率较低（陈志武 等，2017）。

3.2　中国 OFDI 的演进

3.2.1　OFDI 的总体演进状况

自"走出去"战略提出以来，越来越多的企业纷纷走出去，到海外投资，中国对外直接投资规模增长迅速，从一个引资大国逐渐转变为对外投资大国。如图 3.17 所示，中国 OFDI 流量呈逐年递增态势，在 2016 年已经达到 1 961.5 亿美元的峰值，自中国有 OFDI 数据统计以来增长了 67.73 倍。在所有年份中，对外直接投资增长速度最快的年份是 2005 年，从 2006 年开始，增长速度就进入下降通道，2007 年下降到一个阶段性最低值后接下来有一个大幅 V 形反转，2008 年的增长速度大幅上升到仅次于 2005 年的历史峰值。2009 年因为受到次贷危机和欧债危机的影响，对外直接投资同比只增长了 1.11%，这也是有数据统计以来的最低增长速度。但中国对外直接投资从 2010 年开始恢复了之前的高速增长势头，从 2012 年到 2016 年都维持了两位数的年增长速度。2015 年中国 OFDI 流量规模仅次于美国，上升至全球第二位。2016 年，在全球对外直接投资增长动力减弱，对外直接投资流量下降 2% 的背景下，中国 OFDI 流量再创新纪录，而且 2016 年中国对外直接投资额（1 961.5 亿美元）再次超过吸引外资额（1 340 亿美元），连续两年实

---

① 银行存款利率均值和央行贷款基准利率均值数据来自中国人民银行网站。

现双向 FDI 项下的资本净输出，充分显现了中国 OFDI 的高速增长态势和对外直接投资大国的地位。如图 3.18 所示，2017 年和 2018 年全球外国直接投资流出量萎缩，中国 OFDI 流量也首次连续出现负增长，但中国 OFDI 流量仍然位列全球第二位。

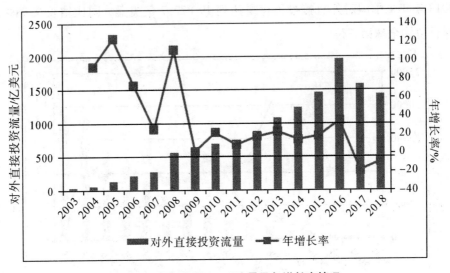

图 3.17 历年中国 OFDI 流量及年增长率情况

数据来源：历年《中国商务年鉴》。

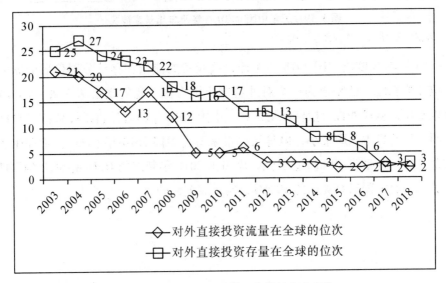

图 3.18 中国 OFDI 流量、存量的位次变化

数据来源：历年《中国商务年鉴》。

3 中国金融发展与 OFDI 的演进

图 3.19 可以看出，中国 OFDI 存量由 2003 年年末的 332 亿美元发展到 2018 年年末的 19 823 亿美元。2018 年中国 OFDI 存量占全球对外直接投资存量的比重达到 6.4%，存量在全球的位次由 2003 年的第 25 位跃至 2018 年的第三位。2017 年中国对外直接投资存量为 18 090.4 亿美元，同比增长 33.27%；2018 年年末中国对外直接投资存量达到 19 822.7 亿美元，同比增长 9.58%，存量位居全球第三位。

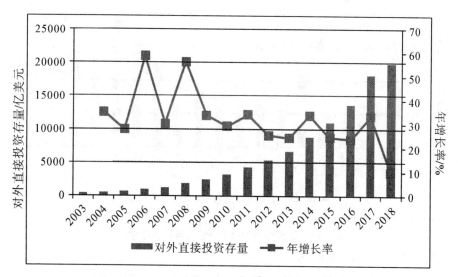

图 3.19　历年中国 OFDI 存量及年增长率情况

数据来源：历年《中国商务年鉴》。

　　图 3.18 反映出中国 2018 年对外直接投资的流量和存量分别位居全球第二位和第三位，已经成为一个对外直接投资大国。我们观察图 3.20 和 3.21 可以发现，从对外直接投资流量来看，中国 2018 年的对外直接投资流量与排在第一位的日本差距很小，但是从存量来看，中国 2018 年 OFDI 存量排在全球第三位，存量为 19 823 亿美元，而美国 2018 年年末的 OFDI 存量为 64 747 亿美元，而中国只有美国的 30.6%，与美国差距较大。

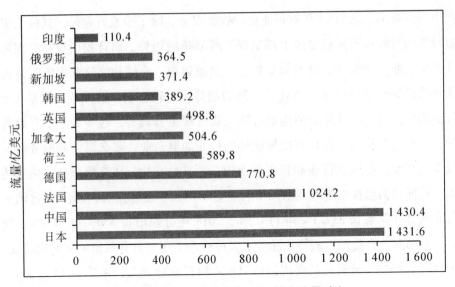

图 3.20　2018 年全球主要 OFDI 国家流量对比

数据来源：2018 年《中国对外直接投资统计公报》。

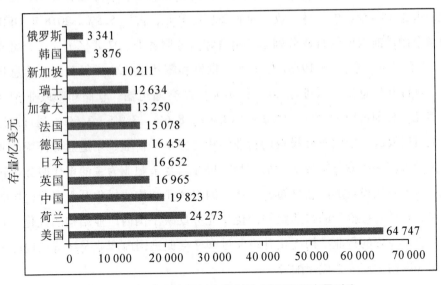

图 3.21　2018 年中国与全球主要 OFDI 国家存量对比

数据来源：2018 年《中国对外直接投资统计公报》。

3.2.2　OFDI 的行业结构演进

《中国对外直接投资统计公报》将 OFDI 的行业细分为这 19 类行业，图 3.22 反映了中国这些行业对外直接投资的流量及其占总流量的比重状况。从

图中可以看出，从 2004 年有行业统计数据以来，除了少数行业外，其他大多数行业的对外投资流量整体上都呈现不断增长的趋势。而且我们观察发现近几年采矿业，建筑业，批发和零售业，交通运输、仓储和邮政业投资流量占该年总投资流量的比重一直处于下降的趋势。而制造业、教育、文化等八个行业的投资流量占总流量的比值近年一直呈现上升趋势。这些处于上升趋势的行业要么是我国一直具有比较优势的行业如制造业，要么是一些服务行业及新兴产业。在服务行业和新兴产业中，尤其是文化、体育娱乐业，信息传输、软件和信息技术服务业这两个行业近年增长速度非常快，2015 年这两个行业流量分别增长 237.1% 和 115.2%，2018 年分别增长 350% 和 27.1%。同时，中国对外直接投资的行业涵盖了多种行业类型，具有明显的多元化特征。2004 年，中国对外直接投资流量排名前六的行业分别是：采矿业 18 亿美元，占比 32.7%；交通运输仓储业 8.3 亿美元，占比 15.1%；批发和零售业 8 亿美元，占比 14.5%；制造业 7.6 亿美元，占比 13.8%；商务服务业 7.5 亿美元，占比 13.6%；农、林、牧、渔业 2.9 亿美元，占比 5.3%。2018 年 OFDI 流量金额排前六位的行业分别是：租赁和商务服务业 507.8 亿美元，金融业 217.2 亿美元，制造业 191.1 亿美元，批发和零售业 122.4 亿美元，信息传输、软件和信息技术服务业 56.3 亿美元以及交通运输、仓储和邮政业 51.6 亿美元，分别占比 35.5%，15.2%，13.4%，8.6%，3.9%，3.6%。通过对比我们可以发现，中国对外投资的行业结构已经从采矿业、制造业等传统产业为主向以租赁和商务服务业、批发和零售业以及金融业为主的现代服务业转变。对外直接投资的产业分布的变化与国内产业结构的优化升级有着密切的关系，对外直接投资的行业结构的优化充分反映了国内产业结构的优化，而对外直接投资的行业结构优化升级反过来又会促进国内产业及经济结构优化升级和国内生产要素优化配置。

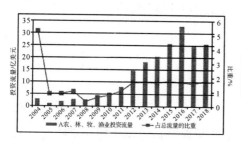

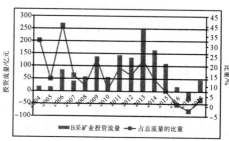

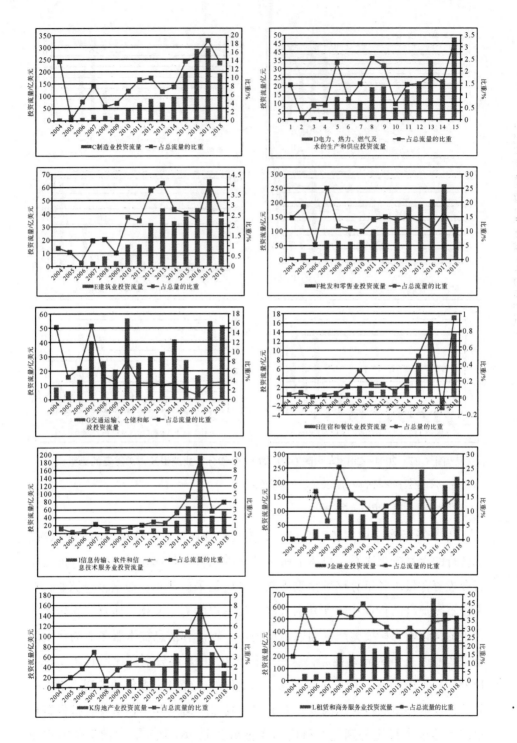

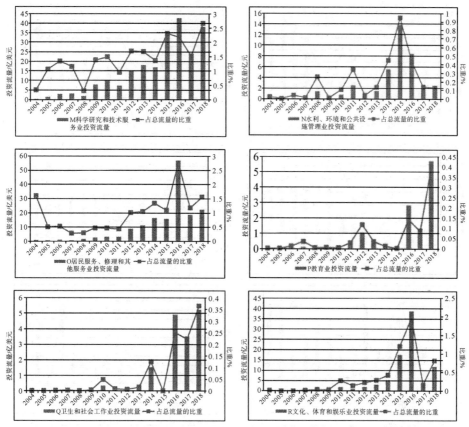

图 3.22 2004—2018 年中国 OFDI 的 18 个细分行业流量及占总流量的比重

注：各行业投资流量单位为亿美元，比重单位为%。

数据来源：历年《中国商务年鉴》。

图 3.23 反映了中国各行业对外直接投资的存量及占总存量的比重状况。从各行的存量变化来看，总体上所有行业的投资存量都在不断增长。近几年行业投资存量占各年总存量比重不断下降的是采矿业和交通运输仓储业；在占比不断提高的行业中，尤其引人注目的是以教育、文化、体育和娱乐业为代表的文化教育科技类产业和以信息传输、软件和信息技术服务业为代表的新兴产业近几年的异军突起，这三个行业在 2016 年分别同比增长 128.0%，143.4 ％和209.6%，增长速度迅猛。与此同时，经过十多年的发展，中国对外直接投资存量的行业结构也发生了很大变化。2004 年中国对外直接投资存量最大的 5 个行业分别是：租赁和商务服务业 164 亿美元，批发和零售业78.4 亿美元，采矿业 59.5 亿美元，交通运输、仓储业 45.8 亿美元，制造业

45.4 亿美元，分别占比 36.6%，17.5%，13.3%，10.2% 和 10.1%，共计 87.7%。截至 2018 年年末，中国对外直接投资覆盖了国民经济所有行业类别，但是行业分布具有明显的不平衡特征，存量排在前五位的行业分别是：租赁和商务服务业 6 754.7 亿美元，批发和零售业 2 326.9 亿美元，金融业 2 179 亿美元，信息传输、软件和信息技术服务业 1 935.7 亿美元，这几个行业投资存量之和占中国 OFDI 存量的 75.8%。由此可见，中国对外直接投资的行业集中度比较高，经过十几年的发展，以租赁和商务服务业、金融业、批发和零售业为代表的服务行业已经成为中国对外直接投资的主力军。以采矿业、制造业为代表的传统行业也仍然是我们具有比较优势的行业，对中国对外直接投资的发展也起到了非常重要的作用。

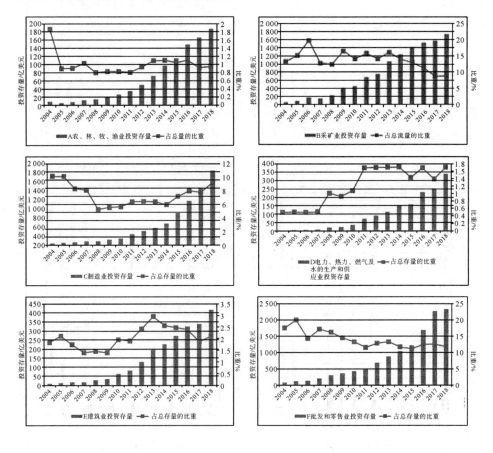

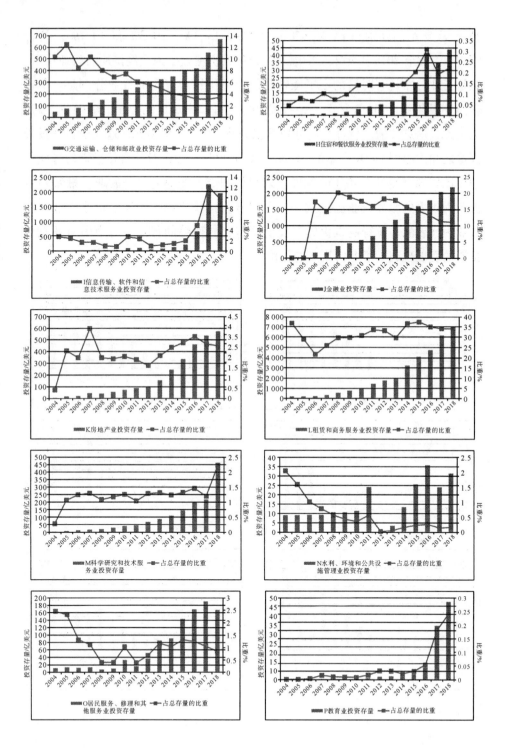

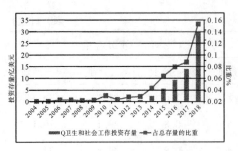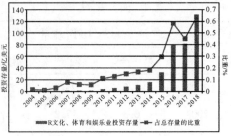

图 3.23　2004—2018 年中国 OFDI 的 18 个细分行业存量及占总存量的比重

注：各行业投资存量单位为亿美元，比重单位为%。

数据来源：历年《中国商务年鉴》。

3.2.3　OFDI 的产业结构演进

从表 3.1 中的流量数据我们可以看出，第一产业在中国对外直接投资流量中占的比重较低，2004 年以后降到 2%以下。2004 年第二产业在对外直接投资流量中的占比为 48.8%，为三个产业中最高，第三产业其次，占比 46%。2005 年第二产业的流量占比为 33.0%，同比下降了 15.8%，而第三产业在该年的流量占比则上升了 20.2%，达到了 66.2%，在中国 OFDI 流量中占据了主导地位，此后除了 2006 年以外，第三产业在所有年份的流量占比都维持在 60%以上。从对外直接投资存量的产业分布数据来看，2005 年开始，第一产业在对外直接投资存量中的占比一直在 1%左右波动，第二次产业存量占比总体呈现出稳中有降的趋势，而第三产业在中国对外直接投资存量中则占据了绝对主导地位，除 2006 年以外存量占比一直维持在 70%以上，近年来上升到 80%左右。按照当前第三产业的发展趋势，预计未来第三产业在中国对外直接投资中的比重将越来越大。

表 3.1　2004—2018 年中国 OFDI 流量、存量的产业分布　　　　单位:%

年份	OFDI 流量			OFDI 存量		
	第一产业	第二产业	第三产业	第一产业	第二产业	第三产业
2004	5.3	48.8	46.0	1.9	25.7	72.4
2005	0.9	33.0	66.2	0.7	23.0	76.3
2006	0.9	45.4	53.8	0.9	30.3	68.8

表3.1(续)

年份	OFDI 流量			OFDI 存量		
	第一产业	第二产业	第三产业	第一产业	第二产业	第三产业
2007	1.0	25.2	73.8	1.0	22.7	76.3
2008	0.3	17.2	82.5	0.8	20.1	79.1
2009	0.6	29.0	70.4	0.8	24.4	74.8
2010	0.8	18.9	80.3	0.8	22.7	76.5
2011	1.1	33.5	65.4	0.8	25.7	73.5
2012	1.7	31.2	67.1	0.9	24.6	74.5
2013	1.7	34.4	64.0	1.1	27.1	71.8
2014	1.7	25.4	73.0	1.1	24.2	74.7
2015	1.6	24.2	74.2	0.8	24	75.2
2016	1.6	23.9	74.5	1.0	22.7	76.3
2017	1.6	20.4	79.6	0.9	18.4	81.6
2018	1.8	19.1	80.9	0.6	21.4	78

数据来源：历年《中国商务年鉴》。

3.2.4 OFDI 的国别（地区）分布演进

相关统计数据显示，2018 年中国对拉丁美洲、北美洲和非洲的直接投资有显著增长，该年中国对外直接投资流入最多的三个地区分别是：亚洲、拉丁美洲和北美洲，分别占当年对外直接投资流量的 73.8%，10.2% 和 6.1%。中国对外直接投资区域分布总体来看很不均衡，存量排在前三位的地区分别是亚洲、拉丁美洲和欧洲，这三个地区的投资存量占总投资存量的 90.6%。其中，在亚洲的投资存量为 12 761.4 亿美元，占中国对外直接投资存量的 64.4%，亚洲 86.2% 的存量都分布在中国香港；在拉丁美洲的投资存量为 4 067.7 亿美元，占总投资存量的 20.5%，其中有 95.8% 分布在开曼群岛和英属维尔京群岛等国际著名的避税地；在欧洲的投资存量为 1 128 亿美元，占 5.7%，主要分布在荷兰、英国、俄罗斯等发达国家。中国 2003—2018 年对六大洲的对外直接投资存量见图 3.24，我们观察发现，中国对各大洲的 OFDI 存

量总体都呈现出显著上升趋势，尤其是 2009 年以后增长速度加快，但是存量主要还是集中在亚洲、拉丁美洲和欧洲这三大洲。

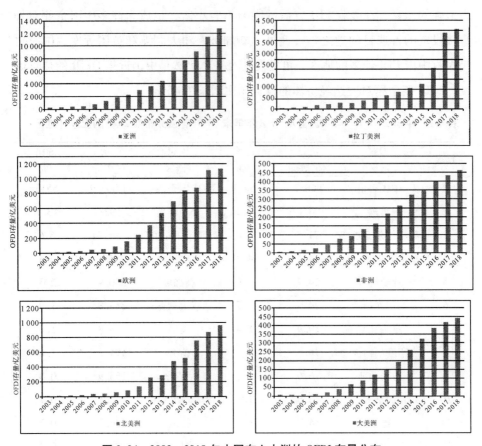

图 3.24　2003—2018 年中国在六大洲的 OFDI 存量分布

注：存量单位为亿美元。

数据来源：历年《中国商务年鉴》。

中国 OFDI 的国家分布也具有显著的不均衡特征。表 3.2 中列出了中国对外直接投资流入较大的国家（地区），从流量来看，2018 年有 69.5% 的对外直接投资流入了中国香港、开曼群岛和英属维京群岛等避税地，大量对外直接投资从这些金融服务便利、税收优惠较大的地区转移到亚太、拉美等地区。除 □□外，美国是吸收中国对外直接投资流量最多的国家，有 5.2% 的对外直接投资流入了美国。中国对外直接投资流量前 20 位的国家（地区）吸收了中国当年对外直接投资流量的 93.4%；从投资存量来看，存量前 20 位的国家（地区）占 2018 年中国对外直接投资存量的 91.7%，其中 75.2% 分布在中国

香港、开曼群岛和英属维京群岛；美国的存量占 3.8%，仍然是除了以上三个避税地之外吸收中国投资存量最高的国家，由此可见，美国作为全球综合实力最强的国家，在吸收 FDI 方面的能力不容小觑，也成为许多中国企业对外直接投资的首选目的地之一。此外，新加坡、澳大利亚和英国等发达国家也是吸收中国 FDI 较多的地区。可见发达经济体仍然是中国近年 OFDI 的热点区域，2018 年中国对发达经济体的投资同比增长了 45%。

表 3.2　中国 2018 年 OFDI 流量及 2018 年年末 OFDI 存量分布前 20 位的国家（地区）

排名	国家（地区）	流量/亿美元	占比/%	国家/地区	存量/亿美元	占比/%
1	中国香港	868.7	60.7	中国香港	11 003.9	55.5
2	美国	74.8	5.2	开曼群岛	2 592.2	13.1
3	英属维尔京群岛	71.5	5.0	英属维尔京群岛	1 305.0	6.6
4	新加坡	64.1	4.5	美国	755.1	3.8
5	开曼群岛	54.7	3.8	新加坡	500.9	2.5
6	卢森堡	24.9	1.7	澳大利亚	383.8	1.9
7	澳大利亚	19.9	1.4	英国	198.8	1.0
8	印度尼西亚	18.6	1.3	荷兰	194.3	1.0
9	马来西亚	16.6	1.2	卢森堡	153.9	0.8
10	加拿大	15.6	1.1	俄罗斯联邦	142.1	0.7
11	德国	14.7	1.0	德国	136.9	0.7
12	老挝	12.4	0.9	印度尼西亚	128.1	0.7
13	越南	11.5	0.8	加拿大	125.2	0.6
14	阿拉伯联合酋长国	10.8	0.8	中国澳门	88.7	0.5
15	瑞典	10.6	0.7	马来西亚	83.9	0.4
16	荷兰	10.4	0.7	百慕大群岛	83.2	0.4
17	韩国	10.3	0.7	老挝	83.1	0.4
18	英国	10.3	0.7	哈萨克斯坦	73.4	0.4
19	中国澳门	8.1	0.6	瑞典	69.0	0.4
20	柬埔寨	7.8	0.6	韩国	67.1	0.3
	合计	1 336.3	93.4	合计	18 168.6	91.7

数据来源：2018 年《中国对外直接投资统计公报》。

尤其值得关注的是，自2013年提出"一带一路"倡议以来，中国对"一带一路"沿线国家的对外直接投资发展迅速。2003年年末中国对"一带一路"沿线国家的直接投资存量为13.2亿美元，2004年年末为924.6亿美元，到2018年年年末则达到1 727.7亿美元，年均增长42.28%。2018年年末中国对"一带一路"沿线国家的OFDI存量占中国OFDI存量的8.7%，显示出中国对"一带一路"沿线国家投资偏好的不断增强。未来随着"一带一路"倡议的进一步推进，中国与"一带一路"沿线国家的贸易和投资合作将会不断加强，中国对"一带一路"沿线国家的投资还有巨大的发展潜力。

3.2.5 OFDI 的主体演进

近年来，地方企业已经成为中国OFDI的主力军。2018年，地方企业非金融类对外直接投资流量为1 505.1亿美元，占全国非金融类直接投资流量的83%。中国OFDI的地方企业区域分布呈现出典型的不平衡特征，其中来自东部地区的企业投资1 256亿美元，占地方投资流量的83.4%；中部地区、西部地区和东北三省企业投资分别占比6.7%，7.7%和2.2%[①]，这三个地区总占比16.6%，只有东部地区的约1/5；从投资存量来看，2018年年末，地方企业非金融类对外直接投资存量为5 240.5亿美元，占全国存量的44.4%，东、中、西部和东北三省分别占比80.7%、8.2%、6.8%和4.3%。表3.2反映了2018年地方企业对外直接投资流量和存量前10位省（自治区、直辖市）的分布状况。我们发现分布不均衡的现象在省之间依然存在，对外直接投资流量和存量前十位的省（自治区、直辖市）基本分布在东部沿海地区，流量前十位的省（自治区、直辖市）的投资流量占地方对外直接投资流量的79.4%，存量前十位的省（自治区、直辖市）投资存量占地方对外直接投资存量的82.5%。这说明经济越发达的地区，企业对外直接投资越活跃，中国应进一步采取措施推动中西部及东北三省的经济发展，以挖掘其对外直接投资增长的巨大潜力。

---

① 东部地区包括：北京、天津、河北、上海、江苏、浙江、福建、山东、广东和海南；中部地区包括：山西、安徽、江西、河南、湖北、湖南；西部地区包括：内蒙古、广西、四川、重庆、贵州、云南、陕西、甘肃、青海、宁夏、新疆、西藏；东北三省包括：黑龙江、吉林、辽宁。

表3.3 中国 2018 年 OFDI 流量及 2018 年年末 OFDI 存量前十位的省（自治区、直辖市）

排名	省（自治区、直辖市）	流量/亿美元	占 OFDI 流量的比重/%	省（自治区、直辖市）	存量/亿美元	占 OFDI 存量的比重/%
1	广东	160.6	16.4	广东	2005.5	32.5
2	上海	153.3	15.6	上海	1180.7	19.1
3	浙江	122.8	12.5	北京	699.5	11.3
4	山东	66.9	6.8	浙江	573.6	9.3
5	北京	64.7	6.6	山东	549.1	8.9
6	江苏	61.0	6.2	江苏	461.5	7.5
7	福建	45.4	4.6	天津	246.5	4.0
8	河南	38.6	3.9	福建	175.7	2.8
9	海南	33.8	3.4	海南	151.8	2.5
10	天津	33.7	3.4	河南	134.4	2.2
	合计	780.8	79.4	合计	6178.3	82.5

数据来源：2018 年《中国对外直接投资统计公报》。

从投资主体的国有还是非国有属性来看，受我国特殊的政治与经济环境的影响，改革开放以来的很长一段时间里，我国对外直接投资的主体都是以国有企业为主导，非国有企业所占比重较低。近年来，我国企业对外直接投资的企业结构有了明显的优化，非国有企业对外投资发展迅速。在非国有对外投资企业中，涵盖了多种企业类型，显现出典型的多元化格局。从图 3.25 可以看出，非国有企业越来越活跃在国际舞台上，成为我国 OFDI 的中坚力量，按照当前非国有企业的迅猛发展趋势，可以预计未来他们将在中国 OFDI 中所占比重越来越大，由于非国有企业的经营效率普遍更高，因此他们在 OFDI 中的比重上升将会对中国整体 OFDI 效率的提升产生积极影响。

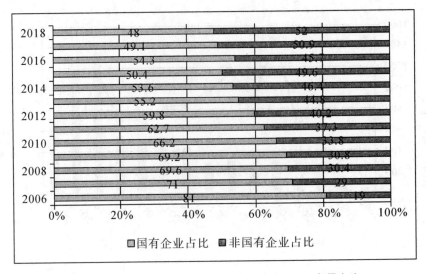

图 3.25　2006—2018 年国有及非国有企业 OFDI 存量占比

数据来源：2018 年《中国对外直接投资统计公报》。

3.2.6　OFDI 的方式演进

一国企业 OFDI 的主要路径有新建投资和跨国并购两种方式。我国企业在开展对外直接投资活动之初，由于自身竞争力不足同时也受限于缺乏投资经验，主要采取了与东道国合资经营的方式，随着国际竞争力的不断增强和投资经验的积累，企业 OFDI 的方式也向多元化方向发展，绿地投资和跨国并购逐渐兴起并成为中国企业主要的对外直接投资方式，相比合资经营方式，这两种方式更有利于企业主动地把握经营管理和控制权，更有灵活性。

近年跨国并购的快速发展尤为引发关注，如图 3.26 所示，2016 年是中国企业近年并购活动最为活跃的一年，并购分布在全球 74 个国家（地区），并购项目 765 起，涉及制造业，信息传输、软件和信息技术服务业等 18 个行业，实际交易总额 1 353.3 亿美元，创历史新高。2016 年中国企业对"一带一路"沿线国家并购项目达 115 起，金额 66.4 亿美元，占总并购额的 4.9%，2017 年和 2018 年并购金额有所下滑。

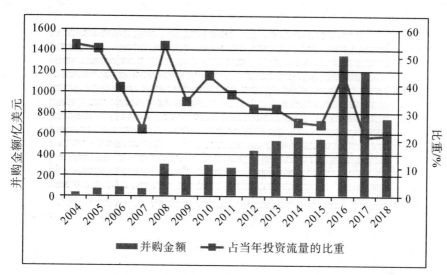

图 3.26　中国企业 2004—2018 年对外并购金额及其占 OFDI 的比重

注：2012—2018 年的并购金额包括境外融资部分。

数据来源：历年《中国商务年鉴》。

3.3　本章小结

　　本章主要对中国金融发展和 OFDI 的演进进行了分析。首先从金融市场规模、金融市场结构和金融市场效率三个层面分析了金融发展的演进，银行业、证券业以及保险业这三个行业的总体规模的不断扩张反映了中国金融市场的整体规模增长；从贷款融资、股票融资和债券融资这三种主要融资方式占社会总融资规模的比重来看，目前贷款融资仍然是企业融资的最主要方式，但是其占比在下降，债券融资和股票融资等直接融资方式占比在上升，反映了企业融资结构在不断优化；从金融机构存贷比，非国有部门贷款比重以及储蓄转化为投资的效率等方面来看，中国目前金融市场效率还较低，但是在不断改善。

　　中国目前已经成为 OFDI 大国，2015 年中国 OFDI 流量跃居世界第二位，2016 年中国 OFDI 流量创下新的历史纪录，连续两年实现双向直接投资项下的资本净输出，充分显现了中国 OFDI 的高速增长态势。从中国企业 OFDI 的行业结构来看，以金融业等为代表的服务行业已经成为中国对外直接投资的

主力军；从 OFDI 的产业结构分布来看，第三产业已经占据了绝对主导地位，这也反映了我国国内产业结构的优化；中国 OFDI 的区域分布具有典型的不平衡特征，具体来看主要分布在一些避税地和主要发达国家；从投资主体看，地方企业已经成为中国 OFDI 的主力军，从企业性质来看，非国有企业越来越成为对外直接投资的中坚力量，这说明中国的非国有企业已经逐步成长起来，在中国对外直接投资中发挥着重要作用，因此非国有企业在对外直接投资中的融资约束问题是值得重点关注的问题。

总的来说，通过对中国金融发展和 OFDI 的演进及发展趋势进行比较全面的现实考察，本章为后续章节的实证研究提供了比较客观和准确的现实基础。

4 金融发展对 OFDI 影响的实证—— 来自跨国数据的经验验证

前面章节从理论层面详细论证了金融发展对 OFDI 的影响路径。那么在世界经济实践层面，金融发展是否如理论分析所言，能够促进 OFDI 呢？为了回答此问题，本章立足于跨国样本，利用包括中国在内的全球 88 个国家的跨国面板数据来考察金融发展对 OFDI 的现实影响。本章首先使用 88 个国家的总体样本进行分析，然后将 88 个国家划分为 24 个发达国家和 64 个发展中国家两组分样本分别进行回归分析并对两组回归结果进行比较，得出经济发展水平不同国家间金融发展对 OFDI 影响的差异。

4.1 基于全球 88 个国家总体样本的分析

4.1.1 变量选取和数据来源

4.1.1.1 解释变量和被解释变量

本章被解释变量为 OFDI，因为 OFDI 存量更稳定，在此借鉴蒋冠宏和张馨月（2016）的做法，主要分析金融发展对 OFDI 存量的影响。本章主要解释变量为金融发展，由于受到跨国数据可获得性的影响，本章从金融规模和金融效率两个方面构建金融发展的分项指标，其中金融规模分别用股票市值/GDP（FIN-scale1）和保险公司资产/GDP（FIN-scale2）来表示，金融效率则分别使用私人部门信贷/GDP（FIN-eff1）和银行信贷/银行存款（FIN-

eff2）来表示①。由于跨国金融市场融资结构的数据无法获取，因此本章没有纳入金融结构相关指标。各国对外直接投资存量的数据来自联合国贸发会议（UNCTAD）数据库，金融发展相关指标数据来自世界银行（World Bank）数据库。

4.1.1.2　其他控制变量

在综合考虑了影响 OFDI 的各项指标和数据可得性的情况下，本章加入了以下控制变量：

一是总储蓄（SAVE）。郭杰和黄保东（2010）认为储蓄为对外直接投资提供了充足和的资金支持②。因此，本章选择了总储蓄水平这个指标，数据来自世界银行 WDI 数据库。

二是贸易依存度（TRADE）。贸易依存度反映了一个国家的经济开放水平，贸易依存度与对外直接投资关系密切，Kravis 和 Lipsey（1982）就验证了贸易开放度对对外直接投资有显著积极的影响。各国贸易开放度的数据来自世界银行 WDI 数据库，用各国商品和服务出口占 GDP 的比重与各国商品和服务进口占 GDP 的比重之和来表示。

三是物价水平（CPI）。一个国家的物价水平越高，在国内的投资成本越高，企业就越容易增加对外直接投资。本书用消费价格指数 CPI 来反映物价水平，数据来自世界银行 WDI 数据库。

四是研发支出水平（R&D）。研发支出的增加能够提高企业的生产率并进一步提高一国的经济增长率，进而影响对外直接投资。在此用各国研发支出占比来表示研发支出水平，数据来自世界银行 WDI 数据库。

五是经济发展水平（GDPPC）。根据 Dunning（1981）的投资发展周期理论，经济发展水平（阶段）正向影响着对外直接投资规模，本书用人均 GDP（GDPPC）来代表经济发展水平，数据来自世界银行 WDI 数据库。

六是出口规模（EXPORT）。施炳展和齐俊妍（2011）认为金融发展水平

---

① 由于数据获取限制，跨国部分的实证中的金融发展只从两个层面即金融规模和金融效率层面选取指标进行了分析，而且在金融规模指标中没有纳入信贷规模指标，这个指标对于发展中国家的分析比较重要，这是本书研究的一个缺憾。

② 郭杰，黄保东. 储蓄、公司治理、金融结构与对外直接投资［J］. 金融研究，2010（2）：78.

的提升可以促进企业从不出口到出口，进一步地又会降低企业国际化的固定成本，促进企业由出口向对外直接投资转变，也就是说出口会影响对外直接投资。本书用商品出口总额来表示出口规模，数据来自世界银行 WDI 数据库。

七是外商直接投资（FDI）。外商直接投资会对国内企业带来技术溢出等效应，推动一国经济增长，进而促进企业对外直接投资。由于外商直接投资存量更加稳定而且不存在负值，因此本书使用了各国外商直接投资存量的数据，外商直接投资存量数据来自联合国贸发会议数据库。

以上数据中，本书对于对外直接投资（OFDI）、人均 GDP（GDPPC）、出口规模（EXPORT）和外商直接投资的数据（FDI）都进行了对数处理。

本书主要变量的描述性统计如表 4.1 所示。

表 4.1　主要变量的描述性统计

变量	观察数	平均值	标准差	最小值	最大值
FIN-scale1	1 408	50.87	48.81	0.01	265.13
FIN-scale2	1 408	21.59	31.51	0.32	208.31
FIN-eff1	1 408	69.12	47.94	2.74	312.11
FIN-eff2	1 408	107.73	49.65	17.79	367.08
SAVE	1 408	23.91	10.12	-16.93	64.71
TRADE	1 408	89.97	57.16	19.79	441.60
CPI	1 408	5.11	6.94	-4.86	109.68
R&D	1 408	0.95	0.93	0.03	4.40
GDPPC	1 408	9.65	0.93	6.47	11.77
EXPORT	1 408	24.19	1.83	19.57	28.48
FDI	1 408	10.49	1.87	5.87	15.53

4.1.2　模型构建

本章选取了来自全球的 88 个国家（其中包括 24 个传统发达国家[①]和 64 个发展中国家）的跨国面板数据进行实证分析（个别缺失的数据通过插值法

---

① 这 24 个传统发达国家是：澳大利亚、奥地利、比利时、加拿大、丹麦、芬兰、法国、德国、希腊、冰岛、爱尔兰、意大利、日本、卢森堡、荷兰、新西兰、挪威、葡萄牙、西班牙、瑞典、瑞士、英国、美国、新加坡。

补齐）。在借鉴已有文献的基础之上，本书设立基本静态面板回归模型如下：

$$OFDI_{it} = \alpha + \beta_1 FIN_{it} + \beta_2 SAVE_{it} + \beta_3 TRADE_{it} + \beta_4 CPI_{it} + \beta_5 R\&D_{it}$$
$$+ \beta_6 GDPPC_{it} + \beta_7 EXPORT_{it} + \beta_8 FDI_{it} + \varepsilon_{it} \qquad (4-1)$$

其中，$OFDI_{it}$ 为第 i 国在第 t 期的对外直接投资存量，FIN_{it} 为第 i 国在第 t 期的金融发展水平，$SAVE_{it}$ 为 i 国在第 t 期的储蓄总量，$TRADE_{it}$ 为 i 国在第 t 期的贸易依存度，CPI_{it} 为 i 国在第 t 期的消费价格指数，$R\&D_{it}$ 为 i 国在第 t 期的研发支出与 GDP 的比值，$GDPPC_{it}$ 为 i 国在第 t 期的人均 GDP，$EXPORT_{it}$ 为 i 国在第 t 期的商品出口额，FDI_{it} 为 i 国在第 t 期的外商直接投资存量，α 为常数项，ε_{it} 为随机干扰项。

4.1.3 静态面板回归

我们将金融发展的四个细分指标 FIN-scale1，FIN-scale2，FIN-eff1，FIN-eff2 和其他控制变量分别代入模型 4-1 中进行回归，相关检验结果表明支持固定效应，得到四组回归结果见表 4.2。

表 4.2 跨国样本静态面板回归

	（1）	（2）	（3）	（4）
FIN-scale1	0.000 5 (0.000 9)			
FIN-scale2		0.002 5 (0.002 4)		
FIN-eff1			0.006 8*** (0.001 2)	
FIN-eff2				0.002 6*** (0.000 9)
SAVE	-0.002 7 (0.004 1)	-0.001 7 (0.004 0)	0.003 1 (0.004 1)	-0.001 5 (0.004 0)
TRADE	-0.001 3 (0.001 3)	-0.001 4 (0.001 3)	-0.000 8 (0.001 3)	-0.000 8 (0.001 3)
CPI	0.007 8** (0.003 2)	0.008 0** (0.003 2)	0.007 9** (0.003 2)	0.007 6** (0.003 2)
R&D	0.385 1*** (0.108 7)	0.369 3*** (0.108 6)	0.301 1*** (0.108 1)	0.360 2*** (0.108 1)

表4.2(续)

	（1）	（2）	（3）	（4）
GDPPC	0.141 8	0.134 2	0.138 2	0.147 4
	(0.165 9)	(0.165 8)	(0.163 2)	(0.164 4)
EXPORT	0.423 9***	0.428 4***	0.409 1***	0.415 5***
	(0.086 7)	(0.086 8)	(0.085 8)	(0.086 4)
FDI	0.859 2***	0.857 0***	0.790 4***	0.844 8***
	(0.043 3)	(0.043 4)	(0.044 8)	(0.043 5)
C	−12.055 9***	−12.092 3***	−11.488 3***	−12.061 1***
	(1.181 8)	(1.177 4)	(1.171 3)	(1.174 0)

注：（ ）中的数值为标准差，***、** 和 * 分别代表1%、5%和10%的显著性水平。

首先观察表4.1中的核心解释变量即金融发展指标的回归结果，反映金融规模的股票市值/GDP（FIN-scale1）和保险公司资产/GDP（FIN-scale2）的系数为正但不显著，这说明从88个跨国样本的数据来看，证券市场及保险业规模的扩大对对外直接投资没有显著的促进作用；反映金融效率的指标私人部门信贷/GDP（FIN-eff1）和银行信贷/银行存款（FIN-eff2）的系数显著为正，这说明金融效率的提高会促进对外直接投资（蒋冠宏 等，2016）。私人部门相对国有部门普遍生产率更高，私人部门信贷的增加能够缓解私人部门OFDI过程中的融资约束，促进了企业OFDI；银行信贷/银行存款反映了银行系统将储蓄转化为投资的效率，储蓄投资转化率越高，资金更容易进入实体部门，企业越容易获得间接融资，从而扩大了对外直接投资。

从其他控制变量来看，总储蓄（SAVE）的系数基本上为负但不显著，这与预期不太相符，可能的原因是储蓄的增加虽然能为企业提供对外直接投资过程中的充足资金，但这是以储蓄都能有效地转化为投资为前提的，如果储蓄投资转化效率不高，那么高储蓄也起不到推动对外直接投资的作用。贸易依存度（TRADE）的系数为负且不显著，这也与预期不符。物价水平（CPI）的系数显著为正，说明一国消费物价水平的提高会显著促进对外直接投资，因为物价水平的提高会增加企业的生产成本，企业就会倾向于到海外选择生产成本更低的地方去投资。研发支出（R&D）的系数显著为正，说明研发投入的增加对一国对外直接投资具有积极的影响。人均GDP（GDPPC）的系数为正但不显著，这与投资发展周期理论不太吻合。可能的原因是估计样本以

发展中国家居多，经济发展水平参差不齐，对外直接投资规模差异也较大，回归结果可能偏向那些人均 GDP 较高但是对外直接投资并不高的国家（蒋冠宏 等，2016）。商品出口额（EXPORT）的系数在 1% 的显著性水平下为正，说明商品出口的增加最终也会引起对外直接投资的增加。外商直接投资（FDI）的系数也在 1% 的显著性水平下为正，说明外商直接投资对一国国内企业产生正向溢出效应，促进了经济发展水平，进而推动了对外直接投资。

4.1.4　动态面板回归

为了避免模型因内生性而导致估计有偏，本书引入对外直接投资的滞后一期变量，将对外直接投资惯性在模型中具体化，从而将模型 4-1 扩展为动态面板数据模型 4-2。接着我们同样将金融发展的四个细分指标 FIN-scale1，FIN-scale2，FIN-eff1 和 FIN-eff2 和其他控制变量分别代入模型 4-2 中进行回归，动态面板（系统 GMM）的回归结果见表 4.3。

$$OFDI_{it} = \alpha + \beta_0 OFDI_{it-1} + \beta_1 FIN_{it} + \beta_2 SAVE_{it} + \beta_3 TRADE_{it} + \beta_4 CPI_{it}$$
$$+ \beta_5 R\&D_{it} + \beta_6 GDPPC_{it} + \beta_7 EXPORT_{it} + \beta_8 FDI_{it} + \varepsilon_{it} \qquad (4-2)$$

表 4.3　跨国样本动态面板（系统性 GMM）回归

	（1）	（2）	（3）	（4）
L. OFDI	0.861 3***	0.888 5***	0.864 8***	0.942 2***
	（0.042 2）	（0.041 7）	（0.035 4）	（0.082 6）
FIN-scale1	0.000 9*			
	（0.000 5）			
FIN-scale2		-0.000 3		
		（0.000 7）		
FIN-eff1			0.001 2**	
			（0.000 5）	
FIN-eff2				0.003 3***
				（0.001 1）
SAVE	0.005 6*	0.007 2**	0.005 7**	-0.002 5
	（0.003 3）	（0.003 1）	（0.002 4）	（0.008 1）
TRADE	-0.000 4	-0.000 1	0.000 1	0.000 8
	（0.000 6）	（0.000 7）	（0.000 4）	（0.001 7）

表4.3(续)

	（1）	（2）	（3）	（4）
CPI	0.001 0	0.000 6	0.001 1	−0.006 9*
	(0.002 1)	(0.001 9)	(0.002 5)	(0.003 6)
R&D	0.074 5*	0.065 1**	0.042 6*	−0.005 7
	(0.038 7)	(0.033 2)	(0.025 1)	(0.116 6)
GDPPC	0.048 6	0.047 3	0.055 0	−0.205 3
	(0.073 2)	(0.067 7)	(0.048 1)	(0.239 4)
EXPORT	−0.033 9	−0.062 7	0.001 6	0.233 0*
	(0.051 7)	(0.046 8)	(0.045 7)	(0.122 7)
FDI	0.186 8***	0.184 6***	0.148 0***	−0.096 3
	(0.069 3)	(0.066 7)	(0.056 5)	(0.129 7)
C	−0.478 1	0.012 6	−1.078 2	−2.337 8
	(0.789 7)	(0.727 2)	(0.748 9)	(3.106 3)
样本观测数	1 320	1 320	1 320	1 320
AR（1）检验	0.000	0.000	0.000	0.000
AR（2）检验	0.477	0.485	0.458	0.427
Hansen 检验	0.958	0.964	1.000	0.179

注：（ ）中的数值为标准差，***、** 和 * 分别代表1%、5%和10%的显著性水平。

从表4.3的回归结果可以看出，在四种金融发展的分项指标情形下的系统 GMM 估计方法都通过了 Hansen 检验，四种情形下扰动项自相关性的检验值 AR（1）、AR（2）分别为（0.000，0.477），（0.000，0.485），（0.000，0.485）和（0.000，0.427）。此外，从回归结果来看，四种情况下系统 GMM 估计系数的联合显著性 Wald 检验都在1%的显著性水平上显著，这表明回归模型总体显著，各解释变量能较好地解释各指标对对外直接投资的影响。从主要解释变量来看，股票市值占 GDP 的比重（FIN-scale1）在前文所分析的静态面板中不显著，但在动态面板回归中的系数在10%的显著性水平下为正，说明从动态的角度来看，证券市场的发展也对企业对外直接投资起到一定的促进作用。金融效率指标私人部门信贷/GDP（FIN-eff1）、银行信贷/银行存款（FIN-eff2）的系数在静态面板回归中显著为正，在动态面板中我们同样得出了显著为正的结论，这证实了回归结果的稳健性，说明金融效率的提高确实会促进各国对外直接投资。此外，我们发现保险公司资产/GDP（FIN-

scale2）在动态面板中依然是不显著的。

4.2 基于发达国家和发展中国家分样本的分析

接下来，本章将 88 个跨国样本分为 24 个发达国家和 64 个发展中国家分别进行回归分析，以区分不同经济发展水平下金融发展对 OFDI 影响的差异。

4.2.1 发达国家分样本回归

4.2.1.1 静态面板回归

将 24 个发达国家的 4 个金融发展指标数据和其他控制变量分别代入前文所述的静态面板模型 4-1 中进行回归，其 Hausman 检验结果均支持选择固定效应，伴随概率为 0.000 0，回归结果见表 4.5。

相关变量的描述性统计如表 4.4 所示。

表 4.4 变量的描述性统计

变量	观察数	平均值	标准差	最小值	最大值
FIN-scale1	384	86.57	54.01	11.82	265.13
FIN-scale2	384	54.53	41.36	4.30	208.31
FIN-eff1	384	119.71	40.06	49.86	312.11
FIN-eff2	384	131.32	62.49	17.79	367.08
SAVE	384	24.11	8.13	3.24	51.67
TRADE	384	100.42	84.11	19.79	441.60
CPI	384	2.00	1.62	-4.47	12.67
R&D	384	2.04	0.76	0.52	3.91
GDPPC	384	10.54	0.30	9.84	11.54
EXPORT	384	25.69	1.40	21.36	28.11
FDI	384	12.21	1.43	6.21	15.53

表 4.5　发达国家样本静态面板回归结果

	（1）	（2）	（3）	（4）
FIN-scale1	0.002 1*** （0.000 4）			
FIN-scale2		0.004 3*** （0.000 8）		
FIN-eff1			0.003 4*** （0.000 5）	
FIN-eff2				0.002 2*** （0.000 4）
SAVE	−0.023 5*** （0.003 6）	−0.012 1*** （0.003 4）	−0.008 1** （0.003 5）	−0.012 1*** （0.003 4）
TRADE	0.002 6*** （0.000 8）	0.002 4*** （0.000 8）	0.003 9*** （0.000 8）	0.003 6*** （0.000 8）
CPI	−0.034 1*** （0.007 6）	−0.023 3*** （0.007 4）	−0.029 2*** （0.007 3）	−0.027 2*** （0.007 5）
R&D	0.192 4*** （0.056 3）	0.222 0*** （0.055 8）	0.168 6*** （0.055 5）	0.187 2*** （0.056 6）
GDPPC	0.366 1** （0.147 2）	0.150 3 （0.153 2）	0.363 3** （0.144 2）	0.335 2** （0.147 6）
EXPORT	0.160 3** （0.066 7）	0.155 8** （0.066 5）	0.058 4 （0.066 2）	0.104 4 （0.066 9）
FDI	0.716 3*** （0.040 6）	0.764 7*** （0.040 6）	0.720 9*** （0.039 6）	0.756 8*** （0.040 6）
C	−4.619 2*** （1.201 9）	−3.202 5*** （1.214 1）	−2.726 2** （1.197 5）	−3.837 6*** （1.203 6）

注：（　）中的数值为标准差，***、**和*分别代表1%、5%和10%的显著性水平。

　　从表 4.5 发达国家的静态面板回归结果来看，金融发展的四个分项指标即股票市值/GDP（FIN-scale1）、保险公司资产/GDP（FIN-scale2）、私人部门信贷/GDP（FIN-eff1）以及银行信贷/银行存款（FIN-eff2）的回归系数都为正，且显著性水平为1%，这说明发达国家金融规模的扩大和金融效率的提高都有效促进了对外直接投资。其他控制变量基本上也都显著，其中贸易依存度、研发支出、人均 GDP 以及外商直接投资均显著促进了发达国家的对外

直接投资，而储蓄和消费物价水平则显著抑制了对外直接投资。

4.2.1.2 动态面板（系统性 GMM）回归

同样地，为了避免静态面板模型因内生性而导致估计有偏，接下来本章将 24 个发达国家的数据代入动态面板回归模型 4-2 进行回归，动态面板回归结果见表 4.6。

表 4.6　发达国家样本动态面板回归结果

	（1）	（2）	（3）	（4）
L. OFDI	0.451 3***	0.467 2***	0.356 5***	0.489 2***
	(0.088 0)	(0.111 5)	(0.116 8)	(0.120 6)
FIN-scale1	0.001 6***			
	(0.000 5)			
FIN-scale2		0.002 9***		
		(0.001 0)		
FIN-eff1			0.002 0**	
			(0.001 0)	
FIN-eff2				0.001 4*
				(0.000 8)
SAVE	−0.005 0	0.004 0	0.001 5	−0.007 3
	(0.006 9)	(0.004 9)	(0.005 5)	(0.009 1)
TRADE	0.000 1	−0.000 3	0.001 2	0.003 7***
	(0.000 9)	(0.000 3)	(0.001 0)	(0.001 1)
CPI	−0.029 6***	−0.013 3	−0.023 2***	−0.032 1***
	(0.008 4)	(0.009 2)	(0.008 2)	(0.007 2)
R&D	0.154 1***	0.144 6**	0.214 5**	0.150 3*
	(0.055 9)	(0.059 2)	(0.089 5)	(0.086 7)
GDPPC	−0.204 7	−0.233 6	−0.397 0	−0.540 4***
	(0.187 5)	(0.203 6)	(0.275 9)	(0.186 5)
EXPORT	0.148 3*	0.131 4	0.138 2	0.166 6
	(0.078 4)	(0.091 2)	(0.092 0)	(0.124 5)
FDI	0.430 1***	0.436 3***	0.559 4***	0.442 1***
	(0.096 6)	(0.091 7)	(0.117 7)	(0.092 2)

表4.6(续)

	(1)	(2)	(3)	(4)
C	−0.398 8	−0.133 5	0.965 5	1.746 6
	(2.472 4)	(2.912 7)	(3.334 8)	(3.163 0)
样本观测数	360	360	360	360
AR（1）检验	0.033	0.035	0.050	0.013
AR（2）检验	0.745	0.867	0.644	0.754
Hansen 检验	0.139	0.135	0.371	0.437

注：（ ）中的数值为标准差，***、**和*分别代表1%、5%和10%的显著性水平。

从表4.6发达国家动态面板回归结果来看，金融发展的四个分项指标的回归系数仍然显著为正，这说明回归结果是十分稳健的，金融发展促进对外直接投资的结论在24个样本国家中得到了可靠的验证。

4.2.2 发展中国家分样本回归

4.2.2.1 静态面板回归

接下来本章将64个发展中国家的4个金融发展指标数据和其他控制变量分别代入静态面板模型4-1中进行回归，Hausman 检验结果均支持固定效应，回归结果见表4.8。

表4.7 变量的描述性统计

变量	观察数	平均值	标准差	最小值	最大值
FIN−scale1	1 024	37.48	39.07	0.01	255.62
FIN−scale2	1 024	9.24	12.85	0.32	83.42
FIN−eff1	1 024	50.15	35.20	2.74	253.26
FIN−eff2	1 024	98.88	40.51	30.13	312.32
SAVE	1 024	23.84	10.77	−16.93	64.71
TRADE	1 024	86.05	42.31	21.12	326.06
CPI	1 024	6.28	7.76	−4.86	109.
R&D	1 024	0.54	0.60	0.03	4.41
GDPPC	1 024	9.32	0.86	6.47	11.77

表4.7(续)

变量	观察数	平均值	标准差	最小值	最大值
EXPORT	1 024	23.62	1.65	19.57	28.48
FDI	1 024	9.85	1.59	5.87	14.01

表4.8　发展中国家样本静态面板回归结果

	(1)	(2)	(3)	(4)
FIN-scale1	0.000 3 (0.001 4)			
FIN-scale2		−0.007 7 (0.008 6)		
FIN-eff1			0.015 7*** (0.002 3)	
FIN-eff2				0.003 1** (0.001 3)
SAVE	−0.001 4 (0.005 0)	−0.001 5 (0.005 0)	0.006 4 (0.005 0)	−0.001 1 (0.005 0)
TRADE	−0.003 0 (0.001 9)	−0.003 0 (0.001 9)	−0.004 2** (0.001 9)	−0.002 9 (0.001 9)
CPI	0.009 4** (0.003 8)	0.009 6** (0.003 8)	0.009 7*** (0.003 7)	0.009 1** (0.003 8)
R&D	0.531 9*** (0.164 9)	0.542 2*** (0.163 1)	0.481 1*** (0.158 3)	0.535 7*** (0.161 4)
GDPPC	0.021 1 (0.211 1)	0.044 1 (0.208 4)	−0.156 7 (0.205 3)	−0.000 03 (0.207 9)
EXPORT	0.499 4*** (0.111 6)	0.494 0*** (0.111 7)	0.580 6*** (0.109 8)	0.509 1*** (0.111 4)
FDI	0.876 5*** (0.053 3)	0.886 5*** (0.054 4)	0.707 5*** (0.058 1)	0.852 3*** (0.054 3)
C	−13.16*** (1.449 4)	−13.271 9*** (1.429 7)	−12.594 3*** (1.401 0)	−13.260 8*** (1.425 7)

注：（　）中的数值为标准差，***、**和*分别代表1%、5%和10%的显著性水平。

观察表4.8中发展中国家的回归结果，反映金融规模的两个指标股票市

值/GDP（FIN-scale1）、保险公司资产/GDP（FIN-scale2）的系数均不显著，说明证券市场和保险市场的发展没有显著促进发展中国家的对外直接投资，可能的原因是发展中国家证券市场和保险市场发展不成熟，相对发达国家比较滞后，还不能给企业提供较好的直接融资渠道和较完善的投资风险保障；而反映金融市场效率的两个指标私人部门信贷/GDP（FIN-eff1）以及银行信贷/银行存款（FIN-eff2）都是显著为正的，说明发展中国家金融效率显著促进了对外直接投资，这与蒋冠宏和张馨月（2016）的结论是一致的。

在控制变量中，物价水平（CPI）、研发支出（R&D）、商品出口（EXPORT）和外商直接投资（FDI）对发展中国家对外直接投资有促进作用，储蓄（SAVE）、贸易依存度（TRADE）和人均GDP（GDPPC）的系数则不显著。

4.2.2.2 动态面板（系统性GMM）回归

为了避免静态面板模型因内生性而导致估计有偏，本章接着将64个发展中国家的数据代入动态面板回归模型4-2进行回归，发展中国家的动态面板回归结果见表4.9：

表4.9 发展中国家样本动态面板回归结果

	（1）	（2）	（3）	（4）
L. OFDI	0.886 5***	0.915 4**	0.898 1***	0.857 2***
	(0.069 4)	(0.071 9)	(0.082 2)	(0.068 7)
FIN-scale1	0.001 4			
	(0.001 0)			
FIN-scale2		0.000 1		
		(0.002 5)		
FIN-eff1			0.008 1***	
			(0.002 6)	
FIN-eff2				0.002 8**
				(0.001 3)
SAVE	0.001 3	−0.002 4	0.007 1	0.007 3
	(0.011 5)	(0.011 8)	(0.006 8)	(0.013 9)
TRADE	0.001 0	0.001 4	0.003 1	0.000 2
	(0.001 6)	(0.002 0)	(0.003 0)	(0.001 7)

表4.9(续)

	(1)	(2)	(3)	(4)
CPI	0.000 2	-0.001 9	0.003 4	0.003 8
	(0.004 5)	(0.004 0)	(0.004 1)	(0.003 8)
R&D	0.035 2	-0.013 5	-0.051 1	0.059 4
	(0.084 5)	(0.100 7)	(0.144 1)	(0.087 8)
GDPPC	-0.037 3	0.002 5	-0.320 7	0.015 3
	(0.158 9)	(0.151 5)	(0.254 6)	(0.140 7)
EXPORT	0.081 2	0.137 5	0.118 5*	-0.030 9
	(0.176 8)	(0.188 8)	(0.068 8)	(0.210 7)
FDI	0.085 2	0.014 7	0.051 1	0.187 5
	(0.181 9)	(0.198 2)	(0.104 4)	(0.200 1)
C	-1.608 7	-2.676 1	-0.213 8	-0.582 8
	(3.092 5)	(2.961 2)	(1.537 9)	(3.755 1)
样本观测数	960	960	960	960
AR（1）检验	0.000	0.000	0.000	0.000
AR（2）检验	0.428	0.403	0.413	0.504
Hansen 检验	0.177	0.142	0.110	0.165

注：（　）中的数值为标准差，***、**和*分别代表1%、5%和10%的显著性水平。

从表4.9中发展中国家的动态面板回归结果来看，OFDI 的一阶滞后项都在 1%的显著性水平下为正，反映金融规模的两个指标即股票市值占 GDP 的比（FIN-scale1）和保险公司资产/GDP（FIN-scale2）依然不显著；而反映金融市场效率的两个指标私人部门信贷/GDP（FIN-eff1）以及银行信贷/银行存款（FIN-eff2）依然是显著为正的，这说明发展中国家的金融规模没有促进其对外直接投资，而发展中国家的金融效率显著促进了其对外直接投资。这与前面发展中国家静态面板的回归结果是一致的，表明回归结果是稳健可靠的。

4.2.3　发达国家和发展中国家回归结果的比较

通过比较发达国家和发展中国家的回归结果，我们发现：发达国家的金融规模和金融效率对企业 OFDI 都有显著促进作用；发展中国家的金融效率对企业 OFDI 有显著促进作用，而金融规模对 OFDI 没有显著影响。因为发达国

家的金融市场比较成熟，社会融资结构以直接融资方式为主，成熟发达的金融市场能够提供良好的直接融资渠道，同时也能为企业 OFDI 提供专业的投资咨询、担保及保险等服务，减少了企业对外直接投资过程中的风险，促进了对外直接投资。而发展中国家普遍存在着金融抑制现象，金融发展滞后，政府采取利率管制、信贷控制、资本项目管制等多项管制措施，导致资本成本扭曲；同时还人为干预资本的流向，导致资本的错配（王勋，2013）。此外，欠发达的金融市场不能为企业提供顺畅的上市及发行债券等直接融资渠道，金融机构难以提供良好的投资咨询和保险等服务，融资结构以信贷等间接融资方式为主。因此，发展中国家证券市场和保险市场规模的扩大对 OFDI 的影响不显著。而金融机构存款向贷款转化效率的提高却能够降低企业的贷款成本，企业更容易从金融机构获取贷款，发展中国家以信贷等间接融资为主要融资方式，因而存贷款转化效率的提高使他们融资规模得以扩大，对外直接投资规模增加。此外，大部分非国有部门相对国有部门更有活力、生产率更高，因此非国有部门贷款增加使得企业 OFDI 得以增加。因此，金融效率的提高能够促进发展中国家的 OFDI。

4.3 本章小结

本章主要利用全球 88 个国家的跨国面板数据检验了金融发展对 OFDI 的影响。首先本章对金融发展方面的文献进行了梳理，整理出金融发展的各类衡量指标，在此基础上从金融规模和金融效率两方面构建了金融发展的 4 个具体指标，其中金融规模指标包括股票市值/GDP（FIN-scale1）和保险公司资产/GDP（FIN-scale2）；金融效率指标包括私人部门信贷/GDP（FIN-eff1）以及银行信贷/银行存款（FIN-eff2）。接着本章对包含 88 个跨国样本的面板数据分别进行了静态和动态面板回归，静态回归结果表明：金融规模对 OFDI 没有显著影响，金融效率的提高会促进对外直接投资规模的扩大。动态面板回归结果显示：除了金融效率之外，反映金融规模的股票市值占 GDP 的比（FIN-scale1）也对 OFDI 有显著的正向影响。然后，我们将 88 个国家划分为发达国家和发展中国家分别进行检验，检验结果发现：对于发达国家来说，

金融规模和金融效率都促进了其 OFDI；对于发展中国家来说，金融效率促进了其 OFDI，而金融规模对发展中国家的影响不显著。回归结果的差异反映了发展中国家与发达国家在金融发展程度上的差距，发达国家的金融市场比较成熟，金融结构也以直接融资为主，发达的金融市场能为企业提供良好的直接融资渠道以及专业的投资咨询、担保及保险等服务，而大部分发展中国家金融市场发展比较落后，融资结构多以信贷等间接融资为主，金融机构还不能给企业提供比较完善的投资咨询、保险等服务，因此金融规模包括证券市场以及保险市场等规模的扩大还难以有效促进 OFDI。而金融效率的改善，包括银行将存款转化为贷款的效率以及资金分配效率的提高都能有效促进发展中国家的对外直接投资。

5

金融发展对 OFDI 影响的实证——
基于中国国家层面和"一带一路"视角

上一章利用包含全球 88 个国家的跨国面板数据实证检验了金融发展对 OFDI 的影响。中国作为世界最大的发展中国家,其金融发展对 OFDI 的影响是否也符合前文分析所得出的一些结论呢?在上一章跨国数据经验验证的基础上,本章从中国国家层面和"一带一路"视角来分析中国金融发展对中国向"一带一路"沿线国家直接投资的影响,以检验中国金融发展是否促进了其对"一带一路"沿线国家的直接投资。

5.1 动态面板回归

5.1.1 变量选取和数据来源

5.1.1.1 被解释变量和主要解释变量

本章的被解释变量为中国对"一带一路"沿线国家[①]的直接投资

---

① 本书根据"一带一路"倡议选取了 65 个国家作为研究对象,这 65 个国家分别是:印度尼西亚、新加坡、马来西亚、缅甸、泰国、老挝、柬埔寨、越南、文莱、菲律宾、伊朗、伊拉克、土耳其、叙利亚、约旦、黎巴嫩、以色列、巴勒斯坦、沙特阿拉伯、也门、阿曼、阿拉伯联合酋长国、卡塔尔、科威特、巴林、希腊、塞浦路斯、埃及、印度、巴基斯坦、孟加拉国、阿富汗、斯里兰卡、马尔代夫、尼泊尔、不丹、蒙古国、哈萨克斯坦、乌兹别克斯坦、土库曼斯坦、塔吉克斯坦、吉尔吉斯斯坦、俄罗斯、乌克兰、白俄罗斯、格鲁吉亚、阿塞拜疆、亚美尼亚、摩尔多瓦、波兰、立陶宛、爱沙尼亚、拉脱维亚、捷克、斯洛伐克、匈牙利、斯洛文尼亚、克罗地亚、波黑、黑山、塞尔维亚、阿尔巴尼亚、罗马尼亚、保加利亚、马其顿。

（OFDI），主要解释变量为中国金融发展，从金融规模、金融结构和金融效率三个层面构建指标来反映中国国家层面的金融发展水平。金融发展规模指标分别为金融机构本外币贷款/GDP（FIN-scale1）、股票市值/GDP（FIN-scale2）以及保费收入/GDP（FIN-scale3）；金融结构使用直接融资额占社会融资总额的比重即（股票融资额+债券融资额）/社会融资总额（FIN-stru1）以及直接融资与间接融资之比即（股票融资额+债券融资额）/贷款融资额（FIN-stru2）来表示；金融效率用私人部门贷款占比（FIN-eff1）以及金融机构存贷比即金融机构本外币贷款余额/金融机构本外币存款余额来衡量（FIN-eff2）。中国对"一带一路"沿线国家的直接投资数据来自历年的《中国对外直接投资统计公报》，金融发展指标的数据中，除了私人部门贷款占比（FIN-eff1）来自世界银行，其他都来自中国国家统计局网站和中国人民银行网站。

5.1.1.2 其他控制变量

一是中国对"一带一路"沿线国家的出口（EXPORT）。出口数据来自中国国家统计局网站。

二是"一带一路"沿线国家的国内生产总值（GDP）。这个指标用来反映"一带一路"沿线国家的国内市场大小，一般来说 GDP 总量越大的国家其国内市场越大。GDP 数据来自世界银行 WDI 数据库，本书在此使用的是以 2010 年美元不变价计算的实际 GDP。

三是"一带一路"沿线国家的资源禀赋（RES）。资源比较丰富的国家容易吸引资源寻求型的外商直接投资。资源禀赋用矿物和金属出口占商品出口的比重与石油和燃料出口占商品出口的比重之和来表示，数据来源于世界银行 WDI 数据库。

四是"一带一路"沿线国家的贸易依存度（TRADE）。贸易依存度使用各国货物和服务出口占 GDP 的比重与货物和服务进口占 GDP 的比重之和来表示，数据来自世界银行 WDI 数据库。

五是"一带一路"沿线国家的物价水平（CPI）。本章使用消费价格指数 CPI 来反映各国的物价水平，数据来自世界银行 WDI 数据库。

六是"一带一路"沿线国家的汇率（ER）。汇率使用美元兑"一带一路"沿线各国货币的年平均汇率。汇率来自世界银行 WDI 数据库。

七是"一带一路"沿线国家对于外资和外国投资者的限制指数

（INDEX）。该指数来自加拿大弗雷泽研究所编制的全球经济自由度指数，该指数用于反映全球各国的经济自由度的状况，本书在此选取的是经济自由度指数下面的一个细分指数即"foreign ownership/investment ristrictions"指数。该指数取值从0到10，指数值越大，说明对外资和外国投资者的限制越少，即自由度越高。

以上数据中，对外直接投资（OFDI）、出口（EXPORT）、国内生产总值（GDP）和汇率（ER）在回归过程中都进行了对数处理。

表5.1　变量的描述性统计

变量	观察数	平均值	标准差	最小值	最大值
OFDI	912	8.59	3.04	-4.61	15.43
FIN-scale1	912	1.26	0.17	1.00	1.54
FIN-scale2	912	0.53	0.24	0.17	1.21
FIN-scale3	912	0.03	0.006	0.02	0.04
FIN-stru1	912	12.86	6.23	3.10	24.63
FIN-stru2	912	0.19	0.09	0.03	0.33
FIN-eff1	912	86.15	16.73	68.20	115.48
FIN-eff2	912	0.72	0.03	0.66	0.77
EXPORT	912	12.24	1.80	6.47	16.07
GDP	912	24.96	1.49	21.97	28.67
RES	912	31.27	32.00	0.01	99.99
TRADE	912	99.50	53.63	0.16	441.60
CPI	912	5.65	6.37	-10.06	59.22
ER	912	2.93	2.99	-1.58	10.62
INDEX	912	5.69	1.35	1.92	9.29

5.1.2　模型构建

由于"一带一路"沿线的65个国家中有8个国家数据缺失严重，因此没

有包括在样本中，因此本书最后选取了其中的 57 个国家[①] 2003—2018 年的数据（个别缺失的数据通过插值法补齐）。在借鉴已有文献的基础上，本书在此建立如下动态面板回归模型：

$$OFDI_{it} = \alpha + \beta_1 OFDI_{it-1} + \beta_2 FIN_t + \beta_3 EXPORT_{it} + \beta_4 GDP_{it} + \beta_5 RES_{it}$$
$$+ \beta_6 TRADE_{it} + \beta_7 CPI_{it} + \beta_8 ER_{it} + \beta_9 INDEX_{it} + \varepsilon_{it} \quad (5-1)$$

其中，$OFDI_{it}$ 为中国在 t 年对 i 国的直接投资存量，FIN_t 为中国在第 t 年的金融发展水平，$EXPORT_{it}$ 为中国在 t 年对 i 国的出口额，GDP_{it} 为 i 国在第 t 年的国内生产总值，RES_{it} 为 i 国第 t 年的主要资源出口占商品出口的比重，$TRADE_{it}$ 为 i 国在第 t 年的贸易依存度，CPI_{it} 为 i 国第 t 年的消费价格指数，ER_{it} 为 i 国货币在第 t 年兑美元的平均汇率，$INDEX_{it}$ 为 i 国第 t 年对于外资和外国投资者的限制指数。

5.1.3 实证回归结果

将反映中国金融发展水平的金融规模指标即金融机构本外币贷款/GDP（FIN-scale1）、股票市值/GDP（FIN-scale2）以及保费收入/GDP（FIN-scale3），金融结构指标即直接融资额占社会融资总额的比重（FIN-stru1）以及直接融资与间接融资之比（FIN-stru2），金融效率指标即私人部门贷款占比（FIN-eff1）以及金融机构存贷比（FIN-eff2）分别代入模型 5-1 中进行回归，回归结果见表 5.2：

表 5.2　中国金融发展对其向"一带一路"沿线国家 OFDI 的影响的回归结果

变量	(1)	(2)	(3)	(4)	(5)	(6)	(7)
L. OFDI	0.681 0***	0.755 8***	0.737 2***	0.760 7***	0.744 6***	0.763 1***	0.718 2***
	(0.106 4)	(0.100 8)	(0.102 0)	(0.102 8)	(0.102 9)	(0.023 1)	(0.110 7)
FIN-scale1	0.890 5**						
	(0.431 4)						

---

① 这 57 个国家分别是：印度尼西亚、新加坡、马来西亚、缅甸、泰国、老挝、柬埔寨、越南、文莱、菲律宾、伊朗、伊拉克、土耳其、约旦、黎巴嫩、以色列、沙特阿拉伯、也门、阿曼、阿联酋、卡塔尔、科威特、巴林、希腊、塞浦路斯、埃及、印度、巴基斯坦、孟加拉国、斯里兰卡、尼泊尔、蒙古国、哈萨克斯坦、塔吉克斯坦、吉尔吉斯斯坦、俄罗斯、乌克兰、白俄罗斯、格鲁吉亚、阿塞拜疆、亚美尼亚、摩尔多瓦、波兰、立陶宛、爱沙尼亚、拉脱维亚、捷克、斯洛伐克、匈牙利、斯洛文尼亚、克罗地亚、波黑、塞尔维亚、阿尔巴尼亚、罗马尼亚、保加利亚和马其顿。

表5.2(续)

变量	(1)	(2)	(3)	(4)	(5)	(6)	(7)
FIN-scale2		-0.150 8					
		(0.122 1)					
FIN-scale3			7.332 5				
			(9.086 2)				
FIN-stru1				-0.008 2			
				(0.006 2)			
FIN-stru2					-0.695 4		
					(0.494 8)		
FIN-eff1						0.004 8**	
						(0.002 2)	
FIN-eff2							3.374 5*
							(1.896 1)
EXPORT	0.297 3*	0.191 9*	0.186 9**	0.198 4**	0.297 1*	0.287 6***	0.291 7*
	(0.154 6)	(0.107 4)	(0.105 9)	(0.087 1)	(0.168 6)	(0.053 9)	(0.171 1)
GDP	0.291 5	0.592 3	0.540 5	0.614 3	0.545 1	0.602 4	0.415 6
	(0.454 5)	(0.521 4)	(0.522 1)	(0.532 0)	(0.519 4)	(0.564 0)	(0.440 8)
RES	0.004 5*	0.001 9*	0.003 2**	0.003 2**	0.003 1**	0.003 8**	0.002 7**
	(0.003 6)	(0.001 4)	(0.001 4)	(0.001 5)	(0.001 5)	(0.001 6)	(0.001 4)
TRADE	0.002 2	0.003 5	0.003 4	0.003 7	0.003 2	0.000 3	0.002 7
	(0.002 9)	(0.003 6)	(0.003 5)	(0.003 7)	(0.003 6)	(0.000 6)	(0.003 0)
CPI	0.007 0	-0.004 1	-0.004 8	-0.004 8	-0.005 5	0.001 5	0.001 3
	(0.010 4)	(0.009 8)	(0.010 3)	(0.006 5)	(0.006 7)	(0.004 7)	(0.009 5)
ER	0.059 1***	0.045 1***	0.042 5***	0.035 6***	0.037 6***	0.036 1***	0.046 3***
	(0.000 3)	(0.000 9)	(0.000 8)	(0.000 4)	(0.000 4)	(0.010 2)	(0.000 8)
INDEX	-0.076 68	-0.154 7	-0.166 5	-0.023 7	-0.168 0	-0.005 0	-0.123 8
	(0.129 6)	(0.149 3)	(0.154 7)	(0.041 6)	(0.051 9)	(0.025 3)	(0.131 1)
样本观测数	855	855	855	855	855	855	855
AR(1)检验	0.000	0.000	0.000	0.000	0.000	0.000	0.000
AR(2)检验	0.076	0.081	0.082	0.076	0.076	0.081	0.086
Hansen 检验	0.109	0.182	0.261	0.184	0.131	0.285	0.111

注：( )中的数值为标准差，***、**和*分别代表1%、5%和10%的显著性水平。

从表5.2的回归结果可以看出，在七种金融发展的分项指标情形下的系统 GMM 估计方法都通过了 Hansen 检验。同时，回归结果显示，七种情况下系统 GMM 估计系数的联合显著性 Wald 检验都在1%的显著性水平上显著，说明回归模型整体显著。首先，我们观察到对外直接投资的一阶滞后项都在1%

的显著性水平下显著。从主要解释变量来看，金融机构本外币贷款/GDP（FIN-scale1）显著为正，说明间接融资规模的扩大显著促进了中国对"一带一路"沿线国家的直接投资；股票市值/GDP（FIN-scale2）以及保费收入/GDP（FIN-scale3）的回归结果不显著，反映了中国证券市场和保险市场规模的扩大没有起到显著促进对外直接投资的作用；直接融资额占社会融资总额的比重（FIN-stru1）以及直接融资与间接融资之比（FIN-stru2）的系数都为负但不显著，说明从融资结构来看，当前直接融资比重的提高对中国向"一带一路"沿线国家的直接投资没有显著正向影响；金融效率指标中，私人部门贷款占比（FIN-eff1）显著为正，说明私人部门信贷的增加能够显著促进中国对"一带一路"国家的OFDI，金融机构存贷比（FIN-eff2）指标也显著为正，说明金融机构存款向贷款转化的效率提升同样能够显著促进中国对"一带一路"国家的OFDI。

观察其他控制变量，出口（EXPORT）的系数显著为正，说明中国对"一带一路"沿线国家的出口促进了中国对沿线国家的直接投资，这与施炳展和齐俊妍（2011）的观点一致。国内生产总值（GDP）的系数不显著，这个指标是用来反映沿线国家的市场规模的，检验结果说明中国对"一带一路"沿线国家的直接投资不属于典型的市场寻求型。资源禀赋（RES）的系数显著为正，说明"一带一路"沿线国家资源越丰富，中国对该国的直接投资越多，这也反映出中国企业对"一带一路"沿线国家的直接投资具有资源寻求型特征，也就是说在选取投资目的地时比较关注东道国的资源状况。"一带一路"沿线国家的贸易依存度（TRADE）和消费物价水平（CPI）的系数不显著，说明这两个变量没有显著影响到中国对"一带一路"沿线国家的直接投资。汇率（ER）的系数为正且显著，因为汇率越高，该国货币越贬值，从理论上说这在一定程度上有利于促进中国对其对外直接投资，回归结果也验证了这个结论。"一带一路"沿线国家对于外资和外国投资者的限制指数（INDEX）也不显著，说明中国对这些国家的投资没有明显受到他们对外资限制相关因素的影响。

总的来说，从以上动态面板的回归结果来看，反映中国金融规模的金融机构本外币贷款/GDP（FIN-scale1）指标和反映中国金融效率的私人部门贷款占比（FIN-eff1）指标以及金融机构存贷比（FIN-eff2）指标显著促进了中

国对"一带一路"沿线国家的直接投资，其他变量的影响则不显著。

5.2 门限回归

前文的动态面板的回归结果得出在所有金融发展分项指标中，金融机构本外币贷款/GDP（FIN-scale1）和私人部门贷款占比（FIN-eff1）以及金融机构存贷比（FIN-eff2）显著促进了中国对"一带一路"沿线国家的直接投资，证明了金融发展与中国对"一带一路"沿线国家的直接投资之间存在着线性关系，那么，它们之间是否也存在非线性关系呢？接下来，本书将采用门限回归方法对两者之间的非线性关系进行检验。

5.2.1 模型构建

门限回归的具体分析方法是首先选择一个门限变量，利用这个门限变量将门限值划分为一个以上的多个区间，在每一个区间有一个特定的方程，然后对回归方程分别回归并进行比较。本书借鉴 Hansen（1999）门限模型的思路，该方法以"残差平方和最小化"为原则确定门限值，同时检验门限值的显著性，进而保证了门限值的可靠性[①]。本书以双门限回归模型为例构建多门限模型，并且通过相关的实证检验来确定门限值的个数。

本书以"一带一路"沿线各国的人均 GDP 和中国人均 GDP 的差额除以中国的人均 GDP 作为门限变量（以下用 GDPPC 来表示门限变量)[②]，各国人均 GDP 都用购买力平价进行了调整，数据来自世界银行 WDI 数据库。人均 GDP 的高低反映了一个国家的经济发展水平，因此这个门限变量主要反映了"一带一路"沿线各国与中国在经济发展水平上的差距，如果这个值为负，说明这个国家的经济发展水平低于中国，而且负值越小，该国的经济发展水平与中国差距越大；如果这个值为正，说明该国经济发展水平高于中国，正值越大，中国与该国的经济发展水平差距越大。因此，本书进行这个门限回归

---

① HANSEN B E. Threshold effects in non-dynamic panels: estimation, testing, and inference [J]. Journal of econometrics, 1999, 93（2）：345-368.

② 门限变量可以理解为"一带一路"沿线国家人均 GDP 对中国人均 GDP 的倍数值。

的目的是考察中国金融发展水平对中国向沿线各国的 OFDI 是否受到中国与沿线各国经济发展差异因素的影响。门限回归分析也可以反映中国企业对"一带一路"沿线国家直接投资的动机。

在借鉴现有文献的基础上，本书构建的门限回归基本模型如下：

$$\text{OFDI}_{it} = \alpha + \beta_1 \text{FIN}_t(\text{GDPPC}_{it} < \gamma_1) + \beta_2 \text{FIN}_t(\gamma_1 < \text{GDPPC}_{it} < \gamma_2)$$
$$+ \beta_3 \text{FIN}_t(\text{GDPPC}_{it} > \gamma_2) + \beta_4 \text{EXPORT}_{it} + \beta_5 \text{GDP}_{it} + \beta_6 \text{RES}_{it}$$
$$\text{OFDI}_{it} = \alpha + \beta_1 \text{FIN}_{it} + \beta_2 \text{TRADE}_{it} + \beta_3 \text{GDPPC}_{it} + \beta_4 \text{ER}_{it} + \beta_5 \text{CPI}_{it}$$

$$(5 - 2)$$

5.2.2 实证回归结果

接下来将反映金融规模的金融机构本外币贷款/GDP（FIN-scale1）和反映金融效率的私人部门贷款占比（FIN-eff1）以及金融机构存贷比（FIN-eff2）这三个在线性关系检验中显著的金融发展指标分别代入模型 5-2 中的 FIN_t，同时将其他变量也一并代入模型，分别得到三组门限回归检验结果。具体的回归检验结果如表 5.3 至表 5.6 所示：

表 5.3 门限效应检验

门限变量：GDPPC			
核心解释变量：FIN-scale1	单门限检验	F1	86. 32
		P 值	0. 003 3
		10%，5%，1%临界值	39. 51 43. 15 64. 76
	双门限检验	F2	77. 08
		P 值	0. 003 3
		10%，5%，1%临界值	36. 76 44. 35 59. 87
	三门限检验	F3	48. 87
		P 值	0. 500 0
		10%，5%，1%临界值	85. 21 97. 46 128. 61

表5.3(续)

门限变量：GDPPC			
核心解释变量：FIN-eff1	单门限检验	F1	47.90
		P 值	0.070 0
		10%，5%，1%临界值	43.32 53.35 64.32
	双门限检验	F2	65.91
		P 值	0.003 3
		10%，5%，1%临界值	35.68 39.06 52.49
	三门限检验	F3	27.28
		P 值	0.486 7
		10%，5%，1%临界值	57.49 71.60 101.54
核心解释变量：FIN-eff2	单门限检验	F1	151.20
		P 值	0.000 0
		10%，5%，1%临界值	42.52 52.57 61.76
	双门限检验	F2	99.03
		P 值	0.000 0
		10%，5%，1%临界值	38.25 43.73 66.83
	三门限检验	F3	41.48
		P 值	0.623 3
		10%，5%，1%临界值	95.92 103.78 125.39

表 5.4 门限估计值

核心解释变量	门限	估计值	95%置信区间
FIN-scale1	δ1	3.312 5	(3.291 0 3.411 5)
	δ2	7.938 4	(7.595 9 8.302 0)
FIN-eff1	δ1	3.198 7	(3.083 6 3.268 0)
	δ2	5.961 1	(3.312 5 6.953 2)
FIN-eff2	δ1	3.312 5	(3.299 0 3.411 5)
	δ2	5.961 1	(5.868 7 5.968 0)

表 5.5 金融发展对 OFDI 的双门限回归结果

解释变量		核心解释变量 FIN-scale1	核心解释变量 FIN-eff1	核心解释变量 FIN-eff2
EXPORT		0.811 0***	0.726 5***	0.738 3***
		(0.080 6)	(0.079 7)	(0.086 4)
GDP		1.967 9***	1.317 2***	3.207 8***
		(0.323 8)	(0.338 3)	(0.309 5)
RES		0.008 7*	0.012 0***	-0.002 1
		(0.004 5)	(0.004 5)	(0.004 6)
TRADE		0.010 1***	0.008 1***	0.009 5***
		(0.002 4)	(0.002 4)	(0.002 5)
CPI		0.029 7***	0.028 2***	0.011 2
		(0.007 4)	(0.007 3)	(0.007 6)
ER		0.102 0*	0.101 3*	0.235 3***
		(0.062 3)	(0.062 0)	(0.065 4)
INDEX		0.003 1	-0.008 1	-0.129 6*
		(0.066 1)	(0.064 5)	(0.067 7)
FIN	区间 1	3.281 7***	0.045 2***	4.087 3***
		(0.305 9)	(0.003 5)	(1.398 9)
	区间 2	1.571 9***	0.025 1***	1.064 4
		(0.372 9)	(0.004 7)	(1.435 9)
	区间 3	-0.151 5	-0.002 8	-2.181 7**
		(0.451 4)	(0.006 5)	(1.474 3)
R^2		0.72	0.73	0.70
样本数		912	912	912

注:( )内为参数估计的标准差,*、**、***分别代表 10%,5%和 1%的显著性水平。P 值和临界值均采用 Bootstrap 反复抽样 300 次得到结果。

表 5.6　主要年份"一带一路"沿线 57 个国家对应的三个门限区间

年份	区间	对应国家
2003 年	第一区间	塔吉克斯坦、尼泊尔、柬埔寨、孟加拉国、缅甸、吉尔吉斯斯坦、老挝、印度、摩尔多瓦、越南、巴基斯坦、也门、格鲁吉亚、亚美尼亚、菲律宾、蒙古国、阿塞拜疆、斯里兰卡、阿尔巴尼亚、乌克兰、印度尼西亚、波黑、伊拉克、埃及、马其顿、约旦、塞尔维亚、白俄罗斯、罗马尼亚、保加利亚、泰国、俄罗斯、土耳其、黎巴嫩、拉脱维亚、哈萨克斯坦、立陶宛、波兰、伊朗、爱沙尼亚
	第二区间	克罗地亚、斯洛伐克、马来西亚、匈牙利、捷克、斯洛文尼亚
	第三区间	以色列、希腊、塞浦路斯、阿曼、沙特阿拉伯、巴林、新加坡、科威特、文莱、阿联酋、卡塔尔
2010 年	第一区间	尼泊尔、塔吉克斯坦、孟加拉国、柬埔寨、吉尔吉斯斯坦、缅甸、摩尔多瓦、老挝、巴基斯坦、印度、也门、越南、菲律宾、亚美尼亚、格鲁吉亚、蒙古国、乌克兰、印度尼西亚、斯里兰卡、约旦、波黑、阿尔巴尼亚、埃及、马其顿、塞尔维亚、伊拉克、泰国、保加利亚、阿塞拜疆、白俄罗斯、黎巴嫩、罗马尼亚、土耳其、伊朗、拉脱维亚、克罗地亚、哈萨克斯坦、立陶宛、俄罗斯、马来西亚、波兰、匈牙利、爱沙尼亚、斯洛伐克、捷克、斯洛文尼亚、希腊、以色列
	第二区间	塞浦路斯、巴林、阿曼、沙特阿拉伯
	第三区间	阿联酋、新加坡、科威特、文莱、卡塔尔
2018 年	第一区间	蒙古国、马来西亚、印度尼西亚、缅甸、泰国、老挝、柬埔寨、越南、菲律宾、希腊、塞浦路斯、伊朗、伊拉克、土耳其、约旦、黎巴嫩、以色列、埃及、也门、阿曼、巴林、印度、巴基斯坦、孟加拉国、斯里兰卡、尼泊尔、哈萨克斯坦、塔吉克斯坦、吉尔吉斯斯坦、俄罗斯、乌克兰、白俄罗斯、格鲁吉亚、阿塞拜疆、亚美尼亚、摩尔多瓦、波兰、立陶宛、爱沙尼亚、拉脱维亚、捷克、斯洛伐克、匈牙利、斯洛文尼亚、克罗地亚、波黑、塞尔维亚、阿尔巴尼亚、罗马尼亚、保加利亚、马其顿、沙特阿拉伯
	第二区间	阿联酋、科威特、文莱
	第三区间	新加坡、卡塔尔

注：作者根据门限回归结果整理得到。上表对应的核心解释变量为 FIN-eff2。

表 5.3 列出了门限效应的检验结果，首先观察在各假设检验中的伴随概率（P 值）以及相应的各显著性水平下对应的临界值，可以发现单一门限检验在核心解释变量为 FIN-scale1、FIN-eff1 和 FIN-eff2 中的伴随概率（P 值）分别为 0.003 3、0.070 0 和 0.000 0，也就是至少在 10% 的显著性水平下显著；双门限检验在核心解释变量为 FIN-scale1、FIN-eff1 和 FIN-eff2 中的伴随概率（P 值）分别为 0.003 3、0.003 3 和 0.000 0，均在 1% 的显著性水平下显著；在三门限检验中，核心解释变量为 FIN-scale1、FIN-eff1 和 FIN-eff2 中的三门限检验的伴随概率（P 值）分别为 0.500 0、0.486 7 和 0.623 3，均未能通过 10% 的显著性水平下的显著性检验。以上检验结果说明模型不论在核心解释变量为 FIN-scale1、FIN-eff1 还是 FIN-eff2 时，均为双门限回归模型。表 5.4 给出了核心解释变量分别为 FIN-scale1、FIN-eff1 和 FIN-eff2 时，对应的双门限回归模型估计的门限值，后面是相应的 95% 的置信区间，我们发现核心解释变量分别为 FIN-scale1、FIN-eff1 和 FIN-eff2 时，三个模型的第一门限值相同或相近，第二门限值在两个模型中相同。

表 5.5 列出了核心解释变量分别为 FIN-scale1、FIN-eff1 和 FIN-eff2 时，以"一带一路"沿线国家人均 GDP 和中国人均 GDP 的差额再除以中国的人均 GDP 为门限变量的中国金融发展对中国对"一带一路"沿线国家 OFDI 影响的双门限回归结果。

首先，观察核心解释变量为 FIN-scale1 时，金融发展（FIN）在区间 1、区间 2 和区间 3 的系数变化，不难发现金融发展（FIN）的回归系数符号在区间 1 和区间 2 都显著为正，但是在区间 3 回归系数符号变成负值，且不显著。具体来看，金融发展（FIN）的回归系数值从区间 1 中的 3.281 7 减少到区间 2 的 1.571 9，到区间 3 时则减少到 -0.151 5。说明当经济发展规模的差异这一门限值低于 3.312 5 时，中国金融机构本外币贷款/GDP 每提高一个百分点，会引起中国对"一带一路"沿线国家的直接投资增加 3.281 7%；当门限变量介于 3.312 5 和 7.938 4 时，中国金融机构本外币贷款/GDP 每提高一个百分点，会引起中国对"一带一路"沿线国家的直接投资增加 1.571 9%；而当门限变量高于 7.938 4 时，中国金融机构本外币贷款/GDP 每提高一个百分点，反而会引起中国对"一带一路"沿线国家的直接投资减少 0.151 5%。

其次，观察核心解释变量为 FIN-eff1 时，金融发展（FIN）在区间 1、区

间 2 和区间 3 的系数变化，不难发现金融发展（FIN）的回归系数符号在区间 1 和区间 2 都显著为正，但是在区间 3 回归系数符号变成负值，且不显著。具体来看，金融发展（FIN）的回归系数值从区间 1 中的 0.045 2 减少到区间 2 的 0.025 1，到区间 3 时则减少到 -0.002 8。说明当经济发展规模的差异这一门限值低于 3.198 7 时，中国私人部门贷款占 GDP 的比重每提高一个百分点，会引起中国对"一带一路"沿线国家的直接投资增加 0.045 2%；当门限变量介于 3.198 7 和 5.961 1 时，中国私人部门贷款占 GDP 的比重每提高一个百分点，会引起中国对"一带一路"沿线国家的直接投资增加 0.025 1%；而当门限变量高于 5.961 1 时，中国私人部门贷款占 GDP 的比重每提高一个百分点，反而会引起中国对"一带一路"沿线国家的直接投资减少 0.002 8%。

最后，观察核心解释变量为 FIN-eff2 时，金融发展（FIN）在区间 1、区间 2 和区间 3 的系数变化，不难发现金融发展（FIN）的回归系数符号在区间 1 和区间 2 都为正，其中回归系数在区间 1 显著，在区间 2 不显著，但是在区间 3 回归系数符号显著为负。具体来看，金融发展（FIN）的回归系数值从区间 1 中的 4.087 3 减少到区间 2 的 1.064 4，到区间 3 时则减少到 -2.181 7。说明当经济发展规模的差异这一门限值低于 3.312 5 时，中国金融机构存贷比每提高一个百分点，会引起中国对"一带一路"沿线国家的直接投资增加 4.087 3%；当门限变量介于 3.198 7 和 5.961 1 之间时，中国金融机构存贷比每提高一个百分点，会引起中国对"一带一路"沿线国家的直接投资不显著地增加 1.064 4%；而当门限变量高于 5.961 1 时，中国金融机构存贷比每提高一个百分点，反而会引起中国对"一带一路"沿线国家的直接投资减少 2.181 7%。

从以上回归结果的分析，我们发现在中国金融发展变量中，金融机构本外币贷款/GDP（FIN-scale1）这个变量对中国对外直接投资的影响要大于私人部门贷款占比（FIN-eff1）这个变量，这反映出当前融资约束问题是影响中国企业当前对外直接投资的一个关键因素。然后从门限变量和两个门限值来看，说明中国的金融发展更有利于促进中国对"一带一路"沿线国家中人均 GDP 不高于中国 3.312 5 倍的这一区间国家的直接投资，其次是人均 GDP 高于中国 3.312 5 倍以上但不超过 5.961 1 倍的国家，对于人均 GDP 高于中国超过 5.961 1 倍的国家，中国金融发展反而会抑制中国对这些相关国家的投资。

这反映出中国当前还是主要倾向于对"一带一路"沿线国家中经济发展水平与中国差距不太大的国家进行直接投资，尤其是一些中低收入水平国家。前文的检验已经验证了"一带一路"沿线国家资源越丰富越有利于吸引中国企业对其直接投资，因为许多中低收入国家资源比较丰富。另一方面，人均GDP 也反映出一个国家的劳动力成本（余官胜，2015），人均 GDP 低的国家一般劳动来成本也比较低，因此回归结果也反映出中国更倾向于对"一带一路"沿线中劳动力成本不太高的国家进行直接投资，也就是说具有一定的以节约生产成本为目的的纵向动机（Helpman，1984）。

表 5.6 列出了当模型的核心解释变量为 FIN-eff2 时，根据回归得出的门限值对主要年份"一带一路"沿线 57 个国家进行划分得到的三个门限区间。从表中可以看出不管是在哪个年份，大部分"一带一路"沿线国家都位于第一区间，从区间的动态变化来看，位于第一区间的国家数量由 2003 年的 40个增加到 2010 年的 48 个再到 2018 年的 52 个；位于第二区间的国家数量由2003 年的 6 个减少到 2010 年的 4 个，到 2018 年减少到 3 个；位于第三区间的国家数量在 2003 年、2010 年和 2018 年分别为 11 个、5 个和 2 个，也是在不断递减。这些变化趋势表明，中国和"一带一路"沿线高收入国家的人均GDP 差距有缩小的趋势，中国金融发展能够促进中国对沿线绝大部分国家的OFDI，而且基本上都处于促进作用较强的第一区间。

5.3　本章小结

本章主要利用"一带一路"沿线 57 个国家的面板数据分析了中国金融发展对中国向"一带一路"沿线国家 OFDI 的影响。

首先，通过对"一带一路"沿线国家的动态面板分析，本章分析发现中国金融规模的扩大和金融效率的改善即中国间接融资的增加和资本配置效率的提高均有助于扩大中国对"一带一路"沿线国家的 OFDI，而金融结构的影响则不显著。同时，从控制变量来看，中国对"一带一路"沿线国家的出口显著促进了中国对这些国家的直接投资；"一带一路"沿线国家的资源禀赋也显著促进了中国对其直接投资，而反映"一带一路"沿线国家市场规模的

GDP 总量则对中国向其直接投资没有显著影响，这在一定程度上反映出当前中国企业对"一带一路"沿线国家的直接投资具有资源寻求型的特征，不符合市场寻求型特征。此外，"一带一路"沿线国家的汇率上升也就是其国内货币贬值也有助于吸引中国对其直接投资。

接下来，本章在通过动态面板回归得出中国金融发展对中国向"一带一路"沿线国家的直接投资具有线性正向影响的基础上，利用门限回归模型对两者之前的非线性关系进行了检验，这里以"一带一路"沿线国家的人均GDP 和中国人均 GDP 的差额再除以中国的人均 GDP 作为门限变量以考察中国金融发展对中国向"一带一路"沿线各国 OFDI 的影响大小是否因为中国与沿线各国经济发展差异而有所区别。结果表明，中国金融发展对中国向"一带一路"沿线国家 OFDI 的影响具有双门限效应。综合来看，当门限变量小于第一门限值时，中国金融发展对"一带一路"沿线国家直接投资的促进作用最大；当门限变量位于第一门限值和第二门限值之间时，促进作用下降；当门限变量高于第二门限值时，中国金融发展反而会对"一带一路"沿线国家的直接投资有一定的抑制作用。同时，人均 GDP 也反映了一个国家劳动力成本的高低，人均 GDP 低的国家一般劳动力成本也比较低，回归结果也表明"一带一路"沿线国家中，低劳动力成本的国家对中国企业更具有吸引力，中国企业对沿线国家的 OFDI 具有一定的以节约生产成本为目的的纵向动机。

6 金融发展对 OFDI 影响的实证——基于中国省际层面的分析

在上一章本书利用包含全球 88 个国家的跨国面板数据实证检验了金融发展对 OFDI 的影响，中国作为世界最大的发展中国家，其金融发展对 OFDI 的影响是否也符合前文分析所得出的一些结论呢？接下来，本书将利用中国省际层面的数据检验中国金融发展对 OFDI 的影响。

6.1 中国省际金融发展对 OFDI 影响的实证——总体样本的分析

6.1.1 非空间普通面板回归

6.1.1.1 变量选取及数据来源

（1）解释变量和被解释变量

被解释变量为 OFDI，OFDI 分为流量和存量，因为 OFDI 存量更稳定，因此本章选取各省（自治区、直辖市）OFDI 存量而非流量作为被解释变量。主要解释变量为金融发展，本章从省际金融规模、金融结构和金融效率三个方面构建金融发展的分项指标，来全面反映金融发展对 OFDI 的影响，受到数据可得性的影响，省际金融发展规模分别使用金融机构本外币贷款余额/GDP（FIN-scale1）、各省份股票市值/GDP（FIN-scale2）以及各省份原保费收入/GDP（FIN-scale3）来衡量；省际金融结构使用直接融资额占地区社会融资总额的比重即（地区股票融资额+地区债券融资额）/地区社会融资总额（FIN-

stru1）以及直接融资与间接融资之比，即（地区股票融资额＋地区债券融资额）/地区贷款融资额（FIN-stru2）来表示；省际金融效率用非国有企业贷款比重（FIN-eff1）以及金融机构存贷比，即金融机构本外币贷款余额/金融机构本外币存款余额来衡量（FIN-eff2），由于没有公布非国有部门企业贷款的相关数据，目前对于非国有企业贷款比重的测算主要有以下两种方法：一是计量方法，如张军等（2005），李青原等（2013）；二是采用间接指标计算得出，如李梅（2014），本书借鉴李梅（2014）的方法，假设全部信贷都分配到国有企业和非国有部门，而且投到国有企业的信贷与国有企业的固定资产投资额成正比，那么非国有部门的信贷占 GDP 的比例就可以用扣除国有企业的信贷占比来表示，即非国有企业贷款比重＝金融机构贷款总额/GDP×（1－国有经济固定资产投资额/全社会固定资产投资额）。OFDI 数据来自历年《中国商务年鉴》，金融发展相关数据来自历年《中国金融年鉴》以及《中国证券期货统计年鉴》。

（2）其他控制变量

除了主要解释变量之外，本章还加入了一些可能影响对外直接投资的其他变量。

一是进出口总额（TRADE）。施炳展，齐俊妍（2011）认为金融发展水平的提升可以促进企业从不出口到出口，进一步地又会降低企业国际化的固定成本，促进企业由出口向对外直接投资转变，也就是说对外贸易活动会影响对外直接投资，在此用进出口总额指标来反映各地区对外贸易活动对 OFDI 活动的影响。

二是人均 GDP（GDPPC）。人均 GDP 水平反映了一国的经济发展水平，母国经济发展水平越高，越能够给企业对外直接投资提供良好的资本和风险保障。

三是汇率（ER）。汇率提高时，人民币会贬值，企业对外直接投资成本上升，一定程度上抑制了企业对外直接投资。汇率用人民币对美元的年平均汇率来表示。

四是物价水平（CPI）。本书用消费价格指数 CPI 来反映物价水平，一国物价水平越高，投资成本也越高，企业就会寻找生产成本更低的国家和地区投资，对外直接投资会增加。

五是研发支出水平（R&D）。在此以各省份历年研发内部支出占 GDP 的比值来反映各省的研发支出水平，研发支出的增加有助于提高企业的生产率，新新贸易理论认为，生产率越高的企业越容易进行对外直接投资。

六是外商直接投资（FDI）。外商直接投资可能对国内企业产生技术溢出等效应，影响了企业 OFDI。

以上控制变量数据都来自国家统计局网站或者各省统计年鉴，其中对进出口总额、人均 GDP 和外商直接投资的数据都进行了对数处理。

变量的描述性统计如表 6.1 所示。

表 6.1　变量的描述性统计

变量	观察数	平均值	标准差	最小值	最大值
OFDI	480	4.02	2.41	−4.61	9.49
FIN-scale1	480	1.16	0.39	0.53	2.52
FIN-scale2	480	0.55	1.34	0.04	20.72
FIN-scale3	480	0.03	0.01	0.01	0.08
FIN-stru1	480	13.88	10.66	0	70.10
FIN-stru2	480	0.19	0.22	0	2.34
FIN-eff1	480	0.80	0.32	0.32	2.20
FIN-eff2	480	0.74	0.12	0.41	1.14
TRADE	480	7.53	1.67	3.33	11.18
GDPPC	480	9.98	0.66	8.16	11.53
ER	480	7.01	0.76	6.14	8.28
CPI	480	1.28	0.17	0.98	1.83
R&D	480	1.40	1.06	0.17	6.01
FDI	480	5.09	1.72	−1.22	7.72

6.1.1.2　非空间普通面板回归模型构建

本书选取了来自中国的 30 个省（自治区、直辖市）2003—2018 年的数据（由于西藏数据缺失比较严重，在进行实证分析时没有包括在我们的样本中；此外，个别缺失的数据通过插值法补齐）。在借鉴已有文献的基础之上，本书设立基本模型如下：

$$OFDI_{it} = \alpha + \beta_1 FIN_{it} + \beta_2 TRADE_{it} + \beta_3 GDPPC_{it} + \beta_4 ER_{it}$$
$$+ \beta_5 CPI_{it} + \beta_6 R\&D_{it} + \beta_7 FDI_{it} + \varepsilon_{it} \qquad (6-1)$$

其中，$OFDI_{it}$ 为第 i 省（自治区、直辖市）在第 t 期的对外直接投资存量，FIN_{it} 为第 i 省（自治区、直辖市）在第 t 期的金融发展水平，$TRADE_{it}$ 为 i 地区在第 t 期的进出口总额，$GDPPC_{it}$ 为 i 地区在第 t 期的人均 GDP，ER_{it} 为 i 地区在第 t 期的汇率，CPI_{it} 为 i 地区在第 t 期的消费价格指数，$R\&D_{it}$ 为 i 地区在第 t 期的研发支出水平，FDI_{it} 为 i 地区在第 t 期的实际利用外资额，α 为常数项。

6.1.1.3　普通面板实证结果及分析

我们将反映金融规模、金融结构和金融效率的 7 个指标分别代入模型 6-1 中进行检验，Hausman 检验的结果均支持固定效应模型，回归结果如表 6.2 所示：

表 6.2　普通面板回归结果

	(1)	(2)	(3)	(4)	(5)	(6)	(7)
FIN-scale1	0.04*** (0.01)						
FIN-scale2		-0.01 (0.03)					
FIN-scale3			-4.94 (4.96)				
FIN-stru1				0.001 (0.003)			
FIN-stru2					-0.07 (0.17)		
FIN-eff1						0.47** (0.22)	
FIN-eff2							-0.54 (0.45)
TRADE	0.31*** (0.10)	0.30*** (0.10)	0.27*** (0.10)	0.30*** (0.10)	0.31*** (0.10)	0.37*** (0.10)	0.25*** (0.11)
GDPPC	1.91*** (0.30)	1.93*** (0.30)	1.96*** (0.30)	1.90*** (0.30)	1.93*** (0.30)	1.82*** (0.30)	1.95*** (0.30)
ER	0.07 (0.12)	0.08 (0.07)	0.12 (0.08)	0.09 (0.07)	0.08 (0.07)	0.002 (0.079)	0.12 (0.08)

表6.2(续)

	(1)	(2)	(3)	(4)	(5)	(6)	(7)
CPI	4.47***	4.52***	4.77***	4.61***	4.50***	3.91***	4.75***
	(0.78)	(0.70)	(0.73)	(0.71)	(0.71)	(0.75)	(0.71)
R&D	0.37***	0.38***	0.39***	0.38***	0.38***	0.29***	0.38***
	(0.10)	(0.10)	(0.10)	(0.10)	(0.10)	(0.11)	(0.10)
FDI	0.08	0.08	0.07	0.08	0.08	0.08	0.07
	(0.05)	(0.05)	(0.07)	(0.05)	(0.05)	(0.05)	(0.05)
C	-24.63***	-24.78***	-25.32***	-24.71***	-24.73***	-23.18***	-24.96***
	(2.16)	(2.12)	(2.20)	(2.11)	(2.11)	(2.22)	(2.12)

注:( )中的数值为标准差,***、**和*分别代表1%、5%和10%的显著性水平。

从以上回归结果可以看出,在反映金融规模的指标中,金融机构贷款余额与GDP之比(FIN-scale1)在1%的显著性水平下为正,股票市值占GDP的比重(FIN-scale2)和保费收入占GDP之比(FIN-scale3)的系数都为负但不显著。金融机构贷款余额与GDP之比(FIN-scale1)和股票市值占GDP的比重(FIN-scale2)的实证结果与陈琳和朱一帆(2017)的结论一致。金融机构贷款余额与GDP之比(FIN-scale1)则反映了社会间接融资规模,回归结果说明省际间接融资规模的扩大对企业OFDI具有显著的促进作用。因为中国各地区当前的融资结构中基本上都是以间接融资为主导,金融机构信贷是企业融资的主要来源,因此信贷规模越大,企业融资总量越大,企业对外直接投资过程中的融资约束更容易得到缓解;同时,金融规模的扩张也给金融机构带来了规模经济效应,降低了金融机构的经营成本,进而带来企业融资成本的降低和融资规模的扩大(徐清,2014),促进了对外直接投资。股票市值占GDP的比重(FIN-scale2)不显著的原因是资本市场的发展虽然给企业提供了更多直接融资的机会,但是总体来看股票融资在企业社会融资规模中占比很低,因此对企业对外直接投资的影响不大。保费收入占GDP的比重(FIN-scale3)不显著的原因可能是:目前中国金融市场不发达,国家关于企业对外投资方面的保险立法还不健全,金融机构提供的关于OFDI方面的保险服务还不完善,企业OFDI过程中的投资风险还不能得到很好的保障,因此当前保险业规模扩大对企业对外直接投资没有显著影响。

从金融结构指标来看,直接融资额占地区社会融资总额的比重(FIN-stru1)和直接融资与间接融资之比(FIN-stru2)的系数一正一负且不显著,

这两个指标都是反映社会融资结构的，随着我国金融的不断发展，股票和债券在企业获取资金来源中的占比在不断上升，直接融资模式的优点在于投融资双方可以直接对接，投资者也可以对融资方进行监督，这有利于改善融资方的投资和经营效率；同时，理论上说，资本市场的发展也为企业提供了更多融资渠道，不再完全依赖银行信贷，一直以来银行在贷款时更青睐国有企业，而非国有企业获取贷款则困难重重，因此资本市场的发展让更多的非国有企业获得了融资，一定程度上会改善社会资本配置效率，对企业对外直接投资有积极影响。但是，由于目前中国企业融资主要是以信贷等间接融资为主，国家统计局相关统计数据显示，股票融资占比由 2002 年的 3.1% 上升到 2018 年的 6.97%；债券融资占比由 2002 年的 1.8% 增加到 2018 年的 16.85%，从主要的间接融资方式来看，信贷融资由 2002 年的 96.5% 下降到 2018 年的 83.8%。总体来看，虽然信贷融资的比重呈不断下降趋势，但是信贷融资方式在社会融资结构中还是占据了绝对主导地位。由于直接融资占比较低，因此对企业对外直接投资的影响还不显著。

从金融效率指标来看，非国有部门贷款占比（FIN-eff1）系数在 5% 的显著性水平下为正，金融机构的存贷比（FIN-eff2）的系数为负且不显著，这与陈琳和朱一帆（2017）的结论一致。非国有部门贷款占比（FIN-eff1）指标反映了金融市场的资本优化配置能力，金融机构的存贷比（FIN-eff2）则反映了金融市场将存款转化为贷款和投资的能力。根据"新新贸易理论"的解释，企业生产率越高，越容易进行对外直接投资，但是中国的实际情况并不完全如此，因为我国 OFDI 主要反映了国家的意志，一直以来对外直接投资的企业主体都是国有企业，大多数国有企业生产率并不高，也就是说他们的对外直接投资并不符合资本的优化配置，但是随着金融市场资本配置效率的改善，更多的资金配置到生产率更高的非国有企业，非国有企业贷款占比上升，这让一些原本有能力但受资金约束而无法进行对外直接投资的非国有企业也开始进行对外直接投资，与此同时也有部分生产率低的国有企业在退出对外直接投资的队伍，但是总体来说进入的企业数量多于退出的企业，对外直接投资规模得以扩大。金融机构存贷比（FIN-eff2）不显著反映了当前中国金融效率还不高的现实，具体反映在资本配置效率不高。

从其他控制变量来看，进出口总额的系数为正，且在 1% 的显著性水平下

显著，说明对外贸易规模的扩大也会促进对外直接投资，因为在金融发展水平较低时，企业没有出口，金融发展水平在不断提升的过程中，企业会逐渐从不出口向出口转变，随着发展水平的进一步提高，企业国际化的成本下降，企业的国际化选择会从出口向对外投资转变（施炳展 等，2011），同时，进口的增加会引进先进的技术和生产设备，提高企业的生产率，促进 OFDI 的增加。因此，总体来说进出口活动都会促进企业对外直接投资的增加。人均GDP 的系数显著为正，人均 GDP 指标反映了各省经济发展水平，说明经济发展水平越高的省份，对外直接投资越多，因为一般来说，经济发展水平越高的省份，其企业数量越多，生产率越高，对外直接投资越活跃。汇率系数为正，但不显著，汇率越高，人民币贬值程度越大，企业对外直接投资成本越高，因而一般会抑制对外直接投资，但是从回归结果来看，当前汇率对省际对外直接投资的影响还不显著。消费者物价指数（CPI）显著促进了对外直接投资，因为物价水平越高，企业在国内的生产成本越高，企业就愿意到海外生产成本较低的地区去投资，因此 OFDI 规模会扩张。研发投入的系数为正，且在 1% 的显著性水平下显著。研发投入强度是衡量技术创新能力的最常见的指标，研发投入越多，企业生产率越高，一般来说企业的对外直接投资也会越多。近年来，随着国家对科技创新的重视程度日益提升，创新的氛围也日渐浓厚，许多企业掀起了创新热潮，研发创新成果也越来越丰富，因此其对企业对外直接投资的支持效果愈发明显。FDI 的系数为正但不显著，这说明当前外商直接投资对对外直接投资还没有产生明显的溢出效应（陈琳 等，2017）。

6.1.2 空间面板回归

本书接下来拟使用空间计量方法进行回归分析，该方法是否可行有赖于利用探索性空间数据分析方法来检验相关变量的空间自相关性，一般通过Moran's I 指数及 Geary's c 指数来揭示变量在相应空间范围内的自相关特征。Moran's I 指数是一种常用的表示全域空间自相关性的指标，它用来检验整个研究地区中邻近区域之间是空间正相关、负相关还是相互独立的。如果该指数为正值，说明变量之间是正相关的，而且正值越大正相关性越强；如果该指数为负值，说明变量之间是负相关的，而且负值的绝对值越大，负相关性

就越强；当该指数值为 0 时则表示变量之间没有相关性。Geary's c 指数的取值一般介于 0 到 2 之间（2 不是严格上限），大于 1 表示负相关，等于 1 表示不相关，而小于 1 表示正相关。因此 Geary's c 指数与 Moran's I 指数呈反向变动。然而测算 Moran's I 和 Geary's c 指数面临的一个非常重要的问题是选取恰当的空间权重矩阵。一般的空间计量实证模型都采取了以下几种主要的矩阵，即 0-1 权重矩阵、地理权重矩阵和经济权重矩阵，其中 0-1 权重矩阵认为在地理位置上不相邻的地区不存在空间上的相关性，只有位置相邻才可能存在相关性；而后面两种矩阵则都认为不管是地理位置相邻还是不相邻都有可能存在空间相关性，然而这两种矩阵也认为不同区域之间影响大小相同，这是不符合实际情况的。而经济距离权重矩阵则承认了不相邻的区域也存在相关性，同时也认为不同地区之间的相互影响程度存在着差异。为了全面考察变量之间的关系，本章选择了多种权重矩阵，包括距离权重矩阵、经济权重矩阵以及经济距离权重矩阵。

6.1.2.1 主要变量的空间相关性检验

根据 Moran's I 指数和 Geary's c 指数的计算公式，我们测算了基于距离权重矩阵的 2003—2018 年中国省际 OFDI 的空间相关性的相关指数值，如表 6.3 所示。

表 6.3 2003—2018 年 OFDI 的全域 Moran's I 和 Geary's c 指数值

年份	Moran's I 指数值	Geary's c 指数值
2003 年	0.042 (0.833)	0.907 (−0.916)
2004 年	0.130** (1.768)	0.832** (−1.715)
2005 年	0.110* (1.555)	0.856* (−1.461)
2006 年	0.147** (1.968)	0.813** (−1.869)
2007 年	0.089* (1.349)	0.868* (−1.312)

表6.3(续)

年份	Moran's I 指数值	Geary's c 指数值
2008 年	0.019 (0.585)	0.937 (−0.621)
2009 年	0.070 (1.140)	0.895 (−1.042)
2010 年	0.111* (1.605)	0.855* (−1.410)
2011 年	0.101* (1.522)	0.856* (−1.367)
2012 年	0.083* (1.309)	0.871 (−1.234)
2013 年	0.134** (1.857)	0.823** (−1.734)
2014 年	0.184*** (2.406)	0.795** (−2.009)
2015 年	0.216*** (2.737)	0.770** (−2.285)
2016 年	0.226*** (2.853)	0.763** (−2.342)
2017 年	0.246*** (3.043)	0.744** (−2.562)
2018 年	0.228*** (2.855)	0.755*** (−2.452)

从表6.3可以看出，2004—2018年全国 OFDI 的全域 Moran's I 指数在所有年份都为正值，Geary's c 指数值在所有年份都小于1，且两种指数值在绝大多数年份都通过了至少10%的显著性检验，这说明我国省际 OFDI 具有明显的空间集聚特征。

接下来，我们进一步绘制省际对外直接投资（OFDI）分别在2004年和2018的 Moran 散点图，Moran 散点图用来分析局部空间不稳定性。从 Moran 散点图中我们可以观察到：大约有2/3左右的省份的观察值位于第一象限和第三象限，也就是分别位于高-高（HH）型区域和低-低（LL）型区域，空间集聚特征明显。通过比较2004年和2018年的 Moran 散点图，可以发现2018

年省际 OFDI 的空间集聚程度相比 2004 年有了进一步的提升。

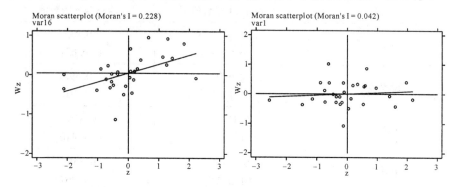

图 6.1　2004 年及 2018 年各省 OFDI 的 Moran 散点图

表 6.4　2003 年各省 OFDI 的 Moran 散点图象限分布

象限	省份
第一象限（HH）	辽宁、吉林、黑龙江、上海、江苏、浙江、福建
第二象限（LH）	天津、河北、安徽、江西、河南、海南
第三象限（LL）	内蒙古、湖北、湖南、重庆、贵州、云南、陕西、甘肃、青海、宁夏、新疆
第四象限（HL）	北京、山西、山东、广东、广西、四川

表 6.5　2018 年各省 OFDI 的 Moran 散点图象限分布

象限	省份
第一象限（HH）	北京、天津、河北、上海、江苏、浙江、安徽、福建、山东、河南、海南
第二象限（LH）	山西、江西、湖北
第三象限（LL）	内蒙古、吉林、黑龙江、广西、四川、贵州、云南、陕西、甘肃、青海、宁夏、新疆
第四象限（HL）	辽宁、湖南、广东、重庆

表 6.6 2003—2018 年各省 OFDI 的 Moran 散点空间变化

类型	变迁路径	对应省份
向邻近区域的变迁	HH→HL	辽宁
	LH→LL	—
	HL→HH	北京、山东
	LL→LH	湖北
	HH→LH	—
	HL→LL	广西、四川
	LH→HH	天津、河北、海南
	LL→HL	湖南、重庆
变迁到其他不相邻区域	HH→LL	吉林、黑龙江
	LL→HH	—
	LH→HL	—
	HL→LH	山西
	LL→HL	湖南、重庆
维持不变	维持 HH 不变	上海、江苏、浙江、福建
	维持 LH 不变	江西
	维持 LL 不变	内蒙古、贵州、云南、陕西、甘肃、青海、宁夏、新疆
	维持 HL 不变	广东

表 6.4、6.5 和 6.6 分别列出了 2003 年中国省际 OFDI 的 Moran 散点图象限分布、2018 年中国省际 OFDI 的 Moran 散点图象限分布以及 2003—2018 年省际 OFDI 的 Moran 散点空间变化，从表 6.6 可以看出，2003—2018 年，省际 OFDI 的 Moran 散点空间变化属于向邻近区域变迁的有 11 个省份，具体来说包括从 HH 变迁到 HL、从 HL 变迁到 HH、从 LL 变迁到 LH、从 HH 变迁到 LH、从 ⬚迁到 LL、从 LH 变迁到 HH 以及从 LL 变迁到 HL，对应省份分别为辽宁，北京和山东，湖北，广西和四川，天津、河北、海南，湖南和重庆；属于从一个区域变迁到其他不相邻区域的有 5 个省份，具体包括从 HH 变迁到 LL 的吉林和黑龙江，从 HL 变迁到 LH 的山西，从 LL 变迁到 HL 的湖南和重

庆；还有剩下 14 个省份维持原有区域不变。

6.1.2.2 空间面板回归模型构建

接下来本书分别构建静态空间面板模型 6-2 和动态空间面板模型 6-3，全面考察金融发展对 OFDI 的影响，模型如下：

$$\ln OFDI_{it} = \beta_0 + \rho \sum_{j=1}^{N} W_{ij} \ln OFDI_{jt} + \gamma \ln FIN_{it} + \beta \ln Z_{it} + \mu_{it} \quad (6-2)$$

$$\ln OFDI_{it} = \beta_0 + \alpha \ln OFDI_{it-1} + \rho \sum_{j=1}^{N} W_{ij} \ln OFDI_{jt} + \gamma \ln FIN_{it} + \beta \ln Z_{it} + \mu_{it}$$

$$(6-3)$$

其中，Z_{it} 表示一系列的控制变量，包括进出口总量、人均 GDP、汇率、CPI、研发和 FDI。ρ 为空间自回归系数。接下来，我们分别将各个金融发展指标分别代入模型 6-2 和模型 6-3，分别使用距离权重矩阵、经济权重矩阵和经济距离权重矩阵进行检验，检验结果如下：

6.1.2.3 空间面板回归结果分析

（1）金融规模指标回归

首先本书将反映金融规模的三个指标即金融机构本外币贷款占 GDP 的比重（FIN-scale1）、股票市值占 GDP 的比重（FIN-scale2）以及保费收入占 GDP 的比重（FIN-scale3）分别代入空间回归模型 6-2 和模型 6-3 并使用三种矩阵即距离权重矩阵、经济权重矩阵和经济距离权重矩阵进行回归，得到的结果分别见表 6.7、表 6.8 和表 6.9：

表 6.7　金融机构本外币贷款占 GDP 的比重（FIN-scale1）回归结果

变量	模型（6-2）			模型（6-3）		
	距离权重矩阵	经济权重矩阵	经济距离权重矩阵	距离权重矩阵	经济权重矩阵	经济距离权重矩阵
FIN-scale1	0.079 5***	0.076 6***	0.077 9***	0.016 8***	0.024 9***	0.023 1***
	(0.001 5)	(0.001 4)	(0.001 6)	(0.002 7)	(0.002 6)	(0.003 2)
L. OFDI	—	—	—	0.658 8***	0.657 9***	0.659 5***
				(0.030 8)	(0.030 8)	(0.031 4)
TRADE	0.304 2***	0.302 1***	0.322 1***	0.092 4	0.095 6	0.096 5
	(0.099 4)	(0.098 9)	(0.095 8)	(0.068 9)	(0.068 8)	(0.069 4)

表6.7(续)

变量	模型（6-2）			模型（6-3）		
	距离权重矩阵	经济权重矩阵	经济距离权重矩阵	距离权重矩阵	经济权重矩阵	经济距离权重矩阵
GDPPC	1.697 7***	1.658 5***	1.234 6***	0.302 9	0.321 4	0.393 9
	(0.313 2)	(0.303 5)	(0.324 3)	(0.236 9)	(0.228 1)	(0.255 7)
ER	0.069 4	0.075 4	0.067 4	0.038 7	0.042 4	0.040 3
	(0.075 6)	(0.075 2)	(0.072 9)	(0.050 1)	(0.050 0)	(0.050 0)
CPI	3.932 7***	3.493 4***	2.992 4***	1.327 4**	1.167 8*	1.556 1**
	(0.805 0)	(0.831 3)	(0.805 1)	(0.581 5)	(0.611 4)	(0.618 3)
R&D	0.313 8***	0.312 5***	0.199 7*	0.080 9	0.091 3	0.107 7
	(0.104 8)	(0.101 4)	(0.104 8)	(0.075 7)	(0.072 7)	(0.079 4)
FDI	0.079 1	0.054 5	0.054 9	-0.016 9	-0.030 1	-0.015 1
	(0.052 6)	(0.053 4)	(0.051 2)	(0.036 6)	(0.038 0)	(0.037 4)
ρ	0.106 7***	0.161 7***	0.319 9***	0.073 2	0.085 8*	0.023 8
	(0.060 7)	(0.062 3)	(0.078 3)	(0.052 3)	(0.053 0)	(0.077 0)
R^2	0.929 3	0.925 3	0.929 6	0.962 3	0.962 1	0.962 2
LogL	-358.381 4	-52.960 6	-146.269 8	-146.601 3	-146.269 8	-147.513 6
观测值	480	480	480	450	450	450

注：（ ）中的数值为标准差，***、**和*分别代表1%、5%和10%的显著性水平。

表 6.8 股票市值占 GDP 的比重（FIN-scale2）回归结果

变量	模型（6-2）			模型（6-3）		
	距离矩阵	经济矩阵	经济距离矩阵	距离矩阵	经济矩阵	经济距离矩阵
FIN-scale2	-0.013 4	-0.015 8	-0.017 2	0.002 8	0.002 1	0.004 3
	(0.027 8)	(0.027 7)	(0.026 7)	(0.018 6)	(0.018 6)	(0.018 6)
L. OFDI	—	—	—	0.658 8***	0.657 8***	0.659 8***
				(0.030 8)	(0.030 8)	(0.031 5)
TRADE	0.286 7***	0.284 9***	0.304 8***	0.096 3	0.101 1	0.101 4
	(0.092 7)	(0.092 0)	(0.089 0)	(0.063 9)	(0.063 9)	(0.064 8)
GDPPC	1.727 8***	1.688 7***	1.264 3***	0.295 1	0.313 5	0.386 3
	(0.311 4)	(0.302 7)	(0.323 1)	(0.237 1)	(0.228 8)	(0.256 6)

中国金融发展对对外直接投资的影响研究

变量	模型（6-2）			模型（6-3）		
	距离矩阵	经济矩阵	经济距离矩阵	距离矩阵	经济矩阵	经济距离矩阵
ER	0.083 1	0.088 4	0.080 4	0.035 9	0.038 1	0.036 5
	(0.067 9)	(0.067 6)	(0.065 5)	(0.044 8)	(0.044 7)	(0.044 8)
CPI	4.035 9***	3.572 2***	3.068 6***	1.311 2**	1.137 7*	1.545 5**
	(0.728 6)	(0.762 8)	(0.740 6)	(0.546 8)	(0.584 5)	(0.599 5)
R&D	0.323 6***	0.321 2***	0.207 7**	0.079 6	0.089 0	0.106 9
	(0.101 1)	(0.098 2)	(0.101 7)	(0.074 4)	(0.071 5)	(0.078 9)
FDI	0.074 1	0.049 3	0.049 6	−0.015 7	−0.028 4	−0.013 3
	(0.051 9)	(0.052 9)	(0.050 5)	(0.036 0)	(0.037 4)	(0.036 7)
ρ	0.107 0***	0.163 7***	0.322 5***	0.072 7	0.084 9	0.020 8
	(0.060 7)	(0.062 5)	(0.078 4)	(0.052 4)	(0.053 2)	(0.076 9)
R^2	0.929 3	0.929 3	0.929 6	0.962 3	0.962 1	0.962 3
LogL	−147.513 6	−146.598 2	−146.273 1	−146.598 2	−146.273 1	−147.513 6
观测值	480	480	480	450	450	450

注：（　）中的数值为标准差，***、**和*分别代表1%、5%和10%的显著性水平。

表6.9　保费收入占GDP的比重（FIN-scale3）回归结果

变量	模型（6-2）			模型（6-3）		
	距离矩阵	经济矩阵	经济距离矩阵	距离矩阵	经济矩阵	经济距离矩阵
FIN-scale3	−5.106 3	−6.307 9	−6.257 4	−3.987 7	−4.716 9	−4.044 8
	(4.743 3)	(4.743 2)	(4.582 9)	(3.181 4)	(3.214 5)	(3.219 5)
L. OFDI	—	—	—	0.658 1***	0.656 6***	0.657 1***
				(0.030 7)	(0.030 7)	(0.031 4)
TRADE	0.255 4***	0.245 2***	0.266 1***	0.069 6	0.070 2	0.077 0
	(0.097 4)	(0.096 9)	(0.093 4)	(0.067 2)	(0.067 1)	(0.067 4)
GDPPC	1.754 6***	1.710 2***	1.283 3***	0.335 2	0.348 3	0.402 5
	(0.312 3)	(0.302 3)	(0.322 7)	(0.236 7)	(0.227 4)	(0.254 8)
ER	0.120 3	0.134 5*	0.126 1*	0.062 8	0.070 2	0.063 1
	(0.075 4)	(0.075 2)	(0.072 7)	(0.049 6)	(0.049 7)	(0.049 5)
CPI	4.318 4***	3.879 1***	3.389 1***	1.442 2***	1.235 9**	1.606 2***
	(0.744 6)	(0.768 4)	(0.750 1)	(0.550 5)	(0.579 5)	(0.592 9)

表6.9(续)

变量	模型 (6-2)			模型 (6-3)		
	距离矩阵	经济矩阵	经济距离矩阵	距离矩阵	经济矩阵	经济距离矩阵
R&D	0.333 5***	0.330 3***	0.216 6**	0.083 2	0.091 1	0.103 0
	(0.101 1)	(0.098 1)	(0.101 4)	(0.074 2)	(0.071 2)	(0.078 5)
FDI	0.085 9	0.062 8	0.063 7	−0.008 2	−0.022 0	−0.007 4
	(0.052 8)	(0.053 5)	(0.051 2)	(0.036 4)	(0.037 5)	(0.036 9)
ρ	0.1047*	0.168 6***	0.326 2***	0.076 8	0.099 2*	0.040 6
	(0.060 2)	(0.062 3)	(0.078 1)	(0.052 3)	(0.053 5)	(0.077 4)
R^2	0.929 4	0.929 5	0.929 7	0.962 4	0.962 2	0.962 4
LogL	−357.906 0	−145.792 2	−145.169 0	−145.792 2	−145.169 0	−146.647 5
观测值	480	480	480	450	450	450

注:( ) 中的数值为标准差,***、**和*分别代表1%、5%和10%的显著性水平。

观察表6.7至表6.9,我们发现所有动态空间面板中OFDI的一阶滞后项在1%的显著性水平下都为正。从表6.7中的回归结果来看,金融机构本外币贷款占GDP的比重(FIN-scale1)显著促进了对外直接投资,贷款比例的上升使得更多企业通过信贷获取融资,缓解了企业在OFDI过程中的融资约束,促进了对外直接投资。接着观察表6.8,股票市值占GDP的比值(FIN-scale2)对对外直接投资的影响不显著,可能的原因是我国当前的融资模式还是以信贷这种间接融资为主(陈琳 等,2017),股票融资在企业融资总规模中所占的比重较低,对企业对外直接投资的影响较小。表6.9的回归结果说明保费收入占GDP的比重(FIN-scale3)对OFDI的影响也不显著,因为我国目前针对海外投资的保险尚未建立一个完整的制度,保险机构还不能给投资企业提供多样化的保险服务,因此在我国现行的保险制度框架下,企业对外直接投资过程中有可能面临的各种政治和经济风险等还得不到十分有效的保障,保险机构的规模扩大对企业OFDI的影响还不显著。总体来看,在反映金融规模的三个分项指标中,只有金融机构本外币贷款占GDP的比重(FIN-scale1)对OFDI的影响是显著的。

(2)金融结构指标回归

接下来我们将反映金融结构的两个指标即直接融资额占融资总额的比重

（FIN-stru1）和直接融资额与间接融资额之比（FIN-stru2）分别代入模型 6-2 和模型 6-3 进行回归，回归结果如表 6.10 和表 6.11 所示：

表 6.10 直接融资额占融资总额的比重（FIN-stru1）回归结果

变量	模型（6-2）			模型（6-3）		
	距离矩阵	经济矩阵	经济距离矩阵	距离矩阵	经济矩阵	经济距离矩阵
FIN-stru1	0.001 1	0.000 7	-0.000 2	0.002 5	0.002 4	0.002 5
	(0.003 3)	(0.003 2)	(0.003 1)	(0.002 2)	(0.002 1)	(0.002 1)
L. OFDI	—	—	—	0.659 9***	0.659 1***	0.646 1***
				(0.030 8)	(0.030 8)	(0.037 1)
TRADE	0.287 1***	0.285 5***	0.305 9***	0.094 9	0.099 7	0.098 5
	(0.092 7)	(0.092 1)	(0.089 1)	(0.063 8)	(0.063 8)	(0.064 8)
GDPPC	1.706 9***	1.666 2***	1.251 7***	0.266 8	0.287 1	0.374 4
	(0.312 1)	(0.303 3)	(0.323 1)	(0.236 7)	(0.228 2)	(0.255 8)
ER	0.091 4	0.094 9	0.081 1	0.051 2	0.052 8	0.052 1
	(0.070 9)	(0.070 6)	(0.068 5)	(0.046 6)	(0.046 6)	(0.046 8)
CPI	4.149 7***	3.690 6***	3.138 9***	1.398 2**	1.234 2**	1.661 7***
	(0.733 8)	(0.768 5)	(0.751 6)	(0.545 4)	(0.583 1)	(0.602 7)
R&D	0.326 7***	0.323 9***	0.211 3**	0.079 4	0.089 3	0.110 4
	(0.101 0)	(0.098 1)	(0.101 7)	(0.074 2)	(0.071 3)	(0.078 8)
FDI	0.076 3	0.052 1	0.050 8	-0.013 5	-0.025 7	-0.010 3
	(0.052 1)	(0.053 0)	(0.050 7)	(0.036 0)	(0.037 4)	(0.036 7)
ρ	0.101 7*	0.158 2**	0.318 5***	0.071 9	0.082 5	0.012 1
	(0.060 5)	(0.062 4)	(0.079 0)	(0.052 2)	(0.053 1)	(0.077 1)
R^2	0.929 3	0.929 4	0.929 7	0.962 4	0.962 2	0.962 3
LogL	-146.647 5	-146.024 5	-145.744 5	-146.024 5	-145.744 5	-146.977 5
观测值	480	480	480	450	450	450

注：（ ）中的数值为标准差，***、**和*分别代表 1%、5%和 10%的显著性水平。

表 6.11　直接融资额与间接融资额之比（FIN-stru2）回归结果

变量	模型（6-2）			模型（6-3）		
	距离矩阵	经济矩阵	经济距离矩阵	距离矩阵	经济矩阵	经济距离矩阵
FIN-stru2	−0.090 6	−0.101 6	−0.126 4	0.029 9	0.025 8	0.029 1
	(0.158 7)	(0.158 0)	(0.153 2)	(0.106 2)	(0.106 2)	(0.106 4)
L. OFDI	—	—	—	0.659 1 ***	0.658 1 ***	0.660 1 ***
				(0.030 8)	(0.030 8)	(0.031 5)
TRADE	0.290 9 ***	0.289 7 ***	0.310 5 ***	0.095 1	0.100 1	0.100 1
	(0.092 8)	(0.092 2)	(0.089 1)	(0.064 0)	(0.063 9)	(0.064 9)
GDPPC	1.725 9 ***	1.685 2 ***	1.258 3 ***	0.292 4	0.311 3	0.387 6
	(0.310 9)	(0.302 1)	(0.322 3)	(0.236 5)	(0.228 1)	(0.255 9)
ER	0.075 3	0.079 7	0.069 3	0.038 6	0.040 4	0.039 0
	(0.069 7)	(0.069 4)	(0.067 2)	(0.045 9)	(0.045 9)	(0.046 0)
CPI	4.023 4 ***	3.561 8 ***	3.033 4 ***	1.317 7 **	1.145 4 **	1.547 7 **
	(0.729 0)	(0.763 0)	(0.742 8)	(0.543 9)	(0.581 3)	(0.598 1)
R&D	0.327 8 ***	0.325 8 ***	0.212 0 **	0.078 2	0.088 0	0.105 7
	(0.100 9)	(0.098 1)	(0.101 5)	(0.074 3)	(0.071 4)	(0.078 7)
FDI	0.072 6	0.047 8	0.047 3	−0.015 2	−0.027 9	−0.012 8
	(0.052 0)	(0.053 0)	(0.050 7)	(0.036 1)	(0.037 5)	(0.036 8)
ρ	0.106 2 *	0.162 9 ***	0.324 2 ***	0.073 2	0.085 0	0.020 8
	(0.060 5)	(0.062 3)	(0.078 4)	(0.052 3)	(0.053 1)	(0.076 8)
R^2	0.929 3	0.929 3	0.929 7	0.962 3	0.962 1	0.962 2
LogL	−146.977 5	−146.595 3	−146.273 5	−146.595 3	−146.273 5	−147.520 9
观测值	480	480	480	450	450	450

注：（ ）中的数值为标准差，*** 、** 和 * 分别代表 1%、5% 和 10% 的显著性水平。

　　从两个指标的回归结果来看，OFDI 的一阶滞后项在两个指标的回归结果中都是显著的，直接融资额占融资总额的比重（FIN-stru1）和直接融资额与间接融资额之比（FIN-stru2）的系数在静态空间面板和动态空间面板回归中都不显著，因为我国当前社会融资结构还是以间接融资方式为主，直接融资占比较低，因此直接融资对 OFDI 的影响不显著。总体来看，金融结构指标对省际对外直接投资的影响都不显著。

（3）金融效率指标回归

最后，本书将反映金融效率的两个指标即非国有企业贷款比重（FIN-eff1）和金融机构存贷比（FIN-eff2）分别代入空间回归模型6-2和模型6-3，得到的回归结果分别见表6.12和表6.13：

表6.12　非国有企业贷款比重（FIN-eff1）回归结果

变量	模型（6-2）			模型（6-3）		
	距离矩阵	经济矩阵	经济距离矩阵	距离矩阵	经济矩阵	经济距离矩阵
FIN-eff1	0.478 5**	0.452 7**	0.382 1*	0.034 5***	0.021 8***	0.038 4***
	(0.208 8)	(0.208 2)	(0.203 7)	(0.003 2)	(0.003 6)	(0.004 6)
L. OFDI	—	—	—	0.657 4***	0.656 9***	0.658 6***
				(0.031 0)	(0.030 9)	(0.031 5)
TRADE	0.358 2***	0.353 6***	0.362 0***	0.101 4	0.104 3	0.106 4
	(0.097 2)	(0.096 7)	(0.093 8)	(0.067 6)	(0.067 5)	(0.067 9)
GDPPC	1.615 4***	1.589 2***	1.205 8***	0.295 7	0.315 2	0.394 4
	(0.312 1)	(0.302 8)	(0.323 1)	(0.236 1)	(0.227 5)	(0.255 7)
ER	0.003 6	0.013 1	0.017 7	0.030 1	0.034 3	0.030 0
	(0.076 1)	(0.075 9)	(0.073 8)	(0.050 5)	(0.050 6)	(0.089 1)
CPI	3.443 1***	3.067 6***	2.701 4***	1.260 8*	1.106 9*	1.497 4**
	(0.768 4)	(0.793 7)	(0.766 6)	(0.562 4)	(0.592 9)	(0.599 9)
R&D	0.237 9**	0.242 7**	0.149 8	0.073 4	0.085 1	0.101 3
	(0.107 6)	(0.104 6)	(0.106 5)	(0.078 0)	(0.075 1)	(0.080 7)
FDI	0.077 4	0.054 3	0.054 5	-0.015 7	-0.028 3	-0.013 0
	(0.051 6)	(0.052 6)	(0.050 4)	(0.036 0)	(0.037 4)	(0.036 7)
ρ	0.105 3*	0.154 4**	0.302 2***	0.072 5	0.084 4	0.017 5
	(0.060 1)	(0.062 0)	(0.079 0)	(0.052 4)	(0.053 3)	(0.078 6)
R^2	0.930 0	0.929 9	0.930 1	0.962 3	0.962 1	0.962 3
LogL	-147.520 9	-146.484 0	-146.201 5	-146.484 0	-146.201 5	-147.414 4
观测值	480	480	480	450	450	450

注：（　）中的数值为标准差，***、**和*分别代表1%、5%和10%的显著性水平。

表 6.13　金融机构存贷比（FIN-eff2）回归结果

变量	模型（6-2）			模型（6-3）		
	距离矩阵	经济矩阵	经济距离矩阵	距离矩阵	经济矩阵	经济距离矩阵
FIN-eff2	−0.388 5 (0.443 0)	−0.278 6 (0.443 1)	−0.108 3 (0.430 5)	−0.882 8 (0.838 4)	−0.863 1 (0.831 8)	−0.933 2 (1.201 6)
L. OFDI	—	—	—	0.662 1*** (0.030 6)	0.661 4*** (0.030 6)	0.665 4*** (0.031 3)
TRADE	0.269 1*** (0.095 1)	0.272 4*** (0.094 6)	0.299 8*** (0.092 1)	0.052 5 (0.065 5)	0.057 0 (0.065 7)	0.050 1 (0.066 9)
GDPPC	1.768 2*** (0.316 1)	1.708 2*** (0.306 7)	1.269 3*** (0.331 3)	0.416 4* (0.237 7)	0.431 5* (0.229 6)	0.534 8** (0.259 4)
ER	0.111 2 (0.074 2)	0.108 8 (0.073 8)	0.089 9 (0.071 9)	0.093 2* (0.049 4)	0.093 6* (0.049 3)	0.097 7** (0.049 6)
CPI	4.307 3*** (0.755 1)	3.818 5*** (0.796 3)	3.215 5*** (0.776 6)	1.681 6*** (0.554 0)	1.564 7*** (0.595 9)	1.975 1*** (0.610 2)
R&D	0.335 8*** (0.101 5)	0.329 4*** (0.098 5)	0.215 1** (0.102 7)	0.077 1 (0.073 8)	0.085 4 (0.070 9)	0.108 7 (0.078 3)
FDI	0.068 1 (0.052 5)	0.047 4 (0.053 1)	0.049 4 (0.051 0)	−0.032 7 (0.036 3)	−0.041 1 (0.037 4)	−0.029 5 (0.036 8)
ρ	0.090 2 (0.062 2)	0.149 1** (0.064 4)	0.312 5*** (0.081 3)	0.054 2 (0.052 5)	0.060 3 (0.053 6)	−0.009 1 (0.077 3)
R²	0.929 6	0.929 6	0.929 9	0.962 9	0.962 7	0.962 8
LogL	−147.414 4	−143.328 5	−143.201 7	−143.328 5	−143.201 7	−143.978 2
观测值	480	480	480	450	450	450

注：（　）中的数值为标准差，***、** 和 * 分别代表 1%、5% 和 10% 的显著性水平。

从以上回归结果可以看出，金融效率的分项指标中，非国有企业贷款比重（FIN-eff1）的回归系数在静态空间面板和动态空间面板回归中都为正，而且都在 1% 的显著性水平下显著，多种矩阵回归证实了回归结果的稳健性。大多数非国有企业的经营效率要高于国有企业，但是融资难度却大大高于国有企业，这在一定程度上制约了本有能力和意愿进行对外直接投资但受到融资约束而无法实现的部分企业"走出去"的步伐，而贷款向非国有企业倾斜即非国有贷款比重的上升则解决了部分非国有企业的融资问题，促进了资本配

置效率的提高，增加了对外直接投资；但是金融机构存贷比（FIN-eff2）的回归系数在两个模型下都不显著，金融机构存贷比反映了间接融资效率，结果不显著的原因可能是目前中国间接融资效率较低，大量资金在金融体系内部循环，难以进入实体部门，一方面提高了企业的信贷成本，另一方面也增加了企业获取信贷融资的难度。

从总体样本的空间计量回归结果来看，在所有金融发展分项指标中，反映金融规模的金融机构本外币贷款占 GDP 的比重（FIN-scale1）指标是显著的，还有反映金融效率的非国有企业贷款比重（FIN-eff1）也是显著的，其他都不显著，这与前文总体样本的非空间普通面板回归结果是一致的。

6.2 中国省际金融发展对 OFDI 影响的实证——东部和中西部分样本回归

中国中西部地区与东部地区之间经济发展和金融发展水平差距较大，不同的金融发展水平对 OFDI 的影响可能也存在差异，因此接下来本文将中国所有省份划分为东部和中西部地区分别使用普通面板回归和空间计量回归进行检验，以检验在中国金融发展水平不同的区域之间金融发展水平对 OFDI 的影响是否存在差异。

6.2.1 东部地区样本回归

6.2.1.1 东部地区非空间普通面板回归

接下来，我们将东部地区各省份的七个金融发展的指标分别代入模型 6-1 中进行检验，Hausman 检验的结果均支持固定效应模型，回归结果如下：

表 6.14 东部地区非空间普通面板回归结果

变量	(1)	(2)	(3)	(4)	(5)	(6)	(7)
FIN-scale1	1.265 5 ***						
	(0.266 4)						
FIN-scale2		−0.007 3					
		(0.026 6)					
FIN-scale3			6.597 8				
			(7.289 5)				

表6. 14(续)

变量	(1)	(2)	(3)	(4)	(5)	(6)	(7)
FIN-stru1				-0.002 4			
				(0.004 4)			
FIN-stru2					-0.161 1		
					(0.174 2)		
FIN-eff1						1.701 5***	
						(0.271 5)	
FIN-eff1							-0.123 5
							(0.740 2)
TRADE	0.979 8***	0.624 5***	0.653 8***	0.636 1***	0.657 9***	0.958 1***	0.610 0***
	(0.219 0)	(0.220 5)	(0.222 4)	(0.221 7)	(0.223 0)	(0.203 8)	(0.225 8)
GDPPC	1.973 1***	2.027 9***	2.011 6***	2.059 7***	2.038 7***	2.044 2***	2.027 5***
	(0.434 2)	(0.471 4)	(0.462 9)	(0.474 4)	(0.464 3)	(0.415 4)	(0.483 6)
ER	0.373 9***	0.461 3***	0.429 8***	0.452 8***	0.448 8***	0.248 6**	0.464 9***
	(0.108 2)	(0.114 0)	(0.118 7)	(0.114 8)	(0.114 4)	(0.107 5)	(0.117 0)
CPI	3.862 1***	6.194 6***	5.902 3***	6.092 8***	6.056 7***	2.591 7**	6.268 0***
	(1.172 3)	(1.157 9)	(1.196 4)	(1.172 1)	(1.149 7)	(1.169 4)	(1.130 8)
R&D	-0.155 2	0.028 1	0.012 6	0.033 9	0.041 8	-0.246 6*	0.026 4
	(0.135 8)	(0.139 2)	(0.139 9)	(0.139 5)	(0.139 7)	(0.132 1)	(0.139 6)
FDI	0.635 2***	0.483 6***	0.492 4***	0.483 8***	0.478 9***	0.618 8***	0.480 7***
	(0.107 1)	(0.109 3)	(0.109 4)	(0.109 2)	(0.109 2)	(0.100 2)	(0.111 1)
C	-36.963 2***	-35.613 3***	-35.363 6***	-35.845 2***	-35.736 2***	-34.813 7***	-35.491 9***
	(3.860 6)	(4.176 8)	(4.101 8)	(4.184 6)	(4.116 2)	(3.681 5)	(4.141 2)
R²	0.949 6	0.942 4	0.942 7	0.942 5	0.942 7	0.953 9	0.942 4
观测值	176	176	176	176	176	176	176

注:( ) 中的数值为标准差,***、** 和* 分别代表1%、5%和10%的显著性水平。

从上表中东部地区的回归结果看,在反映金融发展水平的 8 个分项指标中,金融机构本外币贷款占 GDP 的比重(FIN-scale1) 和非国有企业贷款比重(FIN-eff1)是显著的,这与前文中省际总体样本的回归结果是一致的。在控制变量中,进出口(TRADE)、人均 GDP(GDPPC)、汇率(ER)、物价水平(CPI)及外商直接投资(FDI)都显著促进了对外直接投资,而研发支出水平(R&D)则总体上对对外直接投资不具有显著的促进作用。

6.2.1.2 东部地区空间面板回归

(1) 金融规模指标回归

我们将东部地区反映金融规模的三个指标和其他控制变量数据分别代入静态空间面板回归模型 6-2 和动态空间面板回归模型 6-3,同时对每个模型都采用三种权重矩阵分别回归,回归结果见表 6. 15 至表 6. 17:

表 6.15　东部地区金融机构本外币贷款占 GDP 的比重（FIN-scale1）回归结果

变量	模型（6-2）			模型（6-3）		
	距离权重矩阵	经济权重矩阵	经济距离权重矩阵	距离权重矩阵	经济权重矩阵	经济距离权重矩阵
FIN-scale1	1.222 4***	1.260 9***	1.257 9***	0.440 6**	0.447 7**	0.457 8**
	(0.255 1)	(0.251 7)	(0.250 5)	(0.206 6)	(0.207 8)	(0.210 5)
L.OFDI	—	—	—	0.516 7***	0.517 1***	0.523 1***
				(0.054 1)	(0.054 1)	(0.054 4)
TRADE	0.995 8***	1.018 4***	0.961 6***	0.220 7	0.225 8	0.205 9
	(0.207 4)	(0.211 1)	(0.209 1)	(0.180 3)	(0.179 6)	(0.183 8)
GDPPC	2.067 0***	2.045 5***	1.863 5***	0.431 4	0.425 6	0.544 2
	(0.420 3)	(0.417 6)	(0.469 1)	(0.353 2)	(0.351 6)	(0.393 4)
ER	0.390 1***	0.382 0***	0.359 2***	0.137 9*	0.136 3*	0.148 0*
	(0.103 4)	(0.102 6)	(0.106 2)	(0.078 9)	(0.078 5)	(0.081 3)
CPI	4.347 6***	4.346 2***	3.652 5***	3.230 8***	3.206 1***	3.560 1***
	(1.206 7)	(1.225 6)	(1.186 4)	(1.080 2)	(1.090 7)	(1.133 8)
R&D	−0.122 4	−0.133 5	−0.178 7	0.029 3	0.027 4	0.052 7
	(0.132 3)	(0.130 5)	(0.136 9)	(0.105 7)	(0.105 1)	(0.112 3)
FDI	0.637 4***	0.646 8***	0.624 9***	0.205 9**	0.207 9**	0.211 6**
	(0.101 2)	(0.102 0)	(0.102 8)	(0.083 6)	(0.085 1)	(0.085 3)
ρ	−0.063 2	−0.069 7	0.047 9	−0.014 6	−0.014 1	−0.078 5
	(0.062 5)	(0.075 6)	(0.101 6)	(0.058 9)	(0.071 0)	(0.106 9)
R²	0.950 3	0.950 1	0.949 6	0.966 5	0.966 4	0.966 6
LogL	−96.669 7	−96.754 0	−97.070 4	−38.549 6	−38.568 1	−38.291 6
观测值	176	176	176	165	165	165

注：（　）中的数值为标准差，***、**和*分别代表 1%、5% 和 10% 的显著性水平。

表 6.16　东部地区股票市值占 GDP 的比重（FIN-scale2）回归结果

变量	模型（6-2）			模型（6-3）		
	距离矩阵	经济矩阵	经济距离矩阵	距离矩阵	经济矩阵	经济距离矩阵
FIN-scale2	−0.001 7	−0.004 1	−0.007 7	0.012 5	0.011 9	0.013 0
	(0.025 2)	(0.025 3)	(0.025 1)	(0.018 0)	(0.018 0)	(0.018 2)

表6.16(续)

变量	模型 (6-2)			模型 (6-3)		
	距离矩阵	经济矩阵	经济距离矩阵	距离矩阵	经济矩阵	经济距离矩阵
L. OFDI	—	—	—	0.559 8***	0.563 8***	0.569 0***
				(0.052 3)	(0.051 9)	(0.052 7)
TRADE	0.669 2***	0.663 9***	0.613 9***	0.078 2	0.083 9	0.062 1
	(0.208 6)	(0.215 8)	(0.210 5)	(0.173 2)	(0.172 7)	(0.177 9)
GDPPC	2.171 5***	2.093 7***	1.954 8***	0.325 6	0.291 3	0.407 7
	(0.450 5)	(0.451 2)	(0.506 3)	(0.365 5)	(0.363 4)	(0.402 4)
ER	0.483 6***	0.469 1***	0.451 0***	0.151 6**	0.148 2*	0.159 6*
	(0.107 8)	(0.108 1)	(0.112 7)	(0.079 8)	(0.079 6)	(0.082 4)
CPI	6.949 1***	6.722 7***	6.039 0***	3.907 9***	3.675 7***	4.129 6***
	(1.175 7)	(1.238 5)	(1.207 2)	(1.091 0)	(1.123 8)	(1.164 8)
R&D	0.074 2	0.050 2	0.011 4	0.108 3	0.102 7	0.129 9
	(0.133 5)	(0.133 7)	(0.142 3)	(0.101 1)	(0.101 1)	(0.109 4)
FDI	0.496 6***	0.496 5***	0.477 2***	0.132 1*	0.129 2*	0.133 3*
	(0.102 8)	(0.104 2)	(0.105 1)	(0.077 6)	(0.078 4)	(0.078 6)
ρ	−0.109 8*	−0.073 1	0.032 4	−0.023 4	−0.000 4	−0.071 2
	(0.065 4)	(0.080 4)	(0.108 1)	(0.059 9)	(0.071 9)	(0.108 2)
R²	0.943 9	0.943 0	0.942 3	0.965 4	0.965 1	0.965 5
LogL	−107.482 1	−108.467 1	−108.836 4	−41.381 8	−41.538 1	−41.280 1
观测值	176	176	176	165	165	165

注:( ) 中的数值为标准差,***、**和*分别代表1%、5%和10%的显著性水平。

表 6.17 东部地区保费收入占 GDP 的比重 (FIN-scale3) 回归结果

变量	模型 (6-2)			模型 (6-3)		
	距离矩阵	经济矩阵	经济距离矩阵	距离矩阵	经济矩阵	经济距离矩阵
FIN-scale3	7.846 9	8.341 1	6.487 2	0.415 7	0.114 8	0.514 7
	(6.862 8)	(7.031 8)	(6.888 5)	(4.988 3)	(5.121 6)	(5.039 7)
L. OFDI	—	—	—	0.558 1***	0.562 5***	0.566 3***
				(0.052 8)	(0.052 5)	(0.052 9)
TRADE	0.713 2***	0.717 7***	0.644 7***	0.091 0	0.093 8	0.076 4
	(0.210 9)	(0.216 7)	(0.213 2)	(0.174 7)	(0.174 7)	(0.179 1)

表6.17(续)

变量	模型（6-2）			模型（6-3）		
	距离矩阵	经济矩阵	经济距离矩阵	距离矩阵	经济矩阵	经济距离矩阵
GDPPC	2.186 2***	2.112 3***	1.953 2***	0.376 7	0.339 4	0.457 6
	(0.444 2)	(0.444 8)	(0.502 3)	(0.359 3)	(0.357 6)	(0.398 2)
ER	0.448 7***	0.432 3***	0.422 2***	0.151 9*	0.149 9*	0.159 3*
	(0.111 6)	(0.111 9)	(0.116 4)	(0.082 5)	(0.082 4)	(0.084 9)
CPI	6.587 7***	6.457 1***	5.789 4***	3.730 8***	3.509 2***	3.945 1***
	(1.182 5)	(1.223 2)	(1.226 1)	(1.072 6)	(1.097 1)	(1.145 3)
R&D	0.059 3	0.037 4	−0.000 1	0.106 2	0.101 3	0.126 4
	(0.133 5)	(0.133 6)	(0.142 7)	(0.102 0)	(0.102 0)	(0.110 0)
FDI	0.507 7***	0.511 3***	0.487 3***	0.131 4*	0.127 5	0.132 9*
	(0.102 9)	(0.104 4)	(0.105 4)	(0.078 4)	(0.079 5)	(0.079 3)
ρ	−0.118 1*	−0.095 4	0.025 4	−0.020 2	0.004 3	−0.066 4
	(0.064 9)	(0.081 3)	(0.108 2)	(0.060 2)	(0.074 1)	(0.108 5)
R^2	0.944 2	0.943 4	0.942 6	0.965 3	0.965 0	0.965 4
LogL	−106.833 6	−107.780 5	−108.440 8	−41.583 0	−41.725 6	−41.480 3
观测值	176	176	176	165	165	165

注：（ ）中的数值为标准差，***、**和*分别代表1%、5%和10%的显著性水平。

观察表6.15至表6.17，我们发现在东部地区反映金融规模的指标的回归结果中，所有动态空间面板模型中OFDI的一阶滞后项都显著为正，同时我们发现三个分项指标中，金融机构本外币贷款占GDP的比重（FIN-scale2）是显著为正的，这说明东部地区信贷规模的扩大有助于扩大东部地区企业的对外直接投资，东部地区虽然在经济发展和金融发展水平上都高于西部地区，但是东部地区的企业的融资方式也是以贷款融资为主，因此东部地区金融机构信贷规模的扩大使得东部地区的企业更容易获取间接融资，促进了该地区对外直接投资规模的扩大；股票市值占GDP的比重（FIN-scale3）不显著，主要原因可能是股票融资并不是东部地区企业融资的主要渠道，东部地区企业股票融资占比较低，股票市值占比的扩大还不足以影响企业的对外直接投资；保费收入占GDP的比重（FIN-scale4）的回归结果也不显著，说明东部地区保险行业规模的扩大没有促进该地区企业的对外直接投资，可能的原因是东部地区的金融机构还不能给对外直接投资企业提供完善的而且针对性强

的保险产品来保障企业对外直接投资过程中的各种风险。

总的来说，东部地区空间面板的回归结果与非空间普通面板的回归结果是吻合的，说明东部地区的回归检验结果是稳健的。

（2）金融结构指标回归

接下来再将东部地区反映金融结构的指标即直接融资额占融资总额的比重（FIN-stru1）和直接融资额与间接融资额之比（FIN-stru2）分别代入模型6-2和模型6-3，回归结果见表6.18和表6.19：

表 6.18　东部地区直接融资额占融资总额的比重（FIN-stru1）回归结果

变量	模型（6-2）			模型（6-3）		
	距离矩阵	经济矩阵	经济距离矩阵	距离矩阵	经济矩阵	经济距离矩阵
FIN-stru1	−0.001 7	−0.002 0	−0.002 5	0.000 5	0.000 5	0.000 6
	(0.004 1)	(0.004 1)	(0.004 1)	(0.002 9)	(0.002 9)	(0.002 9)
L. OFDI	—	—	—	0.559 2***	0.563 1***	0.567 5***
				(0.052 3)	(0.052 0)	(0.052 7)
TRADE	0.679 3***	0.673 8***	0.624 8***	0.085 1	0.090 1	0.069 0
	(0.209 7)	(0.213 7)	(0.211 2)	(0.173 9)	(0.173 5)	(0.178 7)
GDPPC	2.202 3***	2.124 2***	1.979 1***	0.360 6	0.325 9	0.439 9
	(0.453 5)	(0.454 1)	(0.507 0)	(0.367 7)	(0.365 4)	(0.403 5)
ER	0.477 5***	0.462 0***	0.440 9***	0.155 1*	0.151 7*	0.163 4**
	(0.108 7)	(0.108 9)	(0.113 6)	(0.080 4)	(0.080 1)	(0.083 0)
CPI	6.829 7***	6.603 7***	5.915 7***	3.782 1***	3.547 4***	4.014 8***
	(1.186 8)	(1.248 8)	(1.222 6)	(1.093 1)	(1.125 8)	(1.171 0)
R&D	0.077 5	0.054 4	0.015 6	0.106 5	0.101 0	0.127 2
	(0.133 6)	(0.133 8)	(0.142 2)	(0.101 2)	(0.101 4)	(0.109 4)
FDI	0.496 3***	0.496 2***	0.476 7***	0.130 6*	0.127 3	0.132 0*
	(0.102 8)	(0.104 1)	(0.104 9)	(0.077 6)	(0.078 4)	(0.078 6)
ρ	−0.107 7	−0.070 8	0.036 2	−0.020 1	0.004 2	−0.067 2
	(0.065 1)	(0.080 1)	(0.108 1)	(0.059 8)	(0.071 7)	(0.108 2)
R²	0.943 9	0.943 0	0.942 3	0.965 3	0.965 0	0.965 4
LogL	−107.398 5	−108.364 8	−108.701 4	−41.593 8	−41.727 4	−41.488 2
观测值	176	176	176	165	165	165

注：（　）中的数值为标准差，***、**和*分别代表1%、5%和10%的显著性水平。

表 6.19　东部地区直接融资额与间接融资额之比（FIN-stru2）回归结果

变量	模型（6-2）			模型（6-3）		
	距离矩阵	经济矩阵	经济距离矩阵	距离矩阵	经济矩阵	经济距离矩阵
FIN-stru2	−0.134 1	−0.148 4	−0.163 4	−0.045 3	−0.047 5	−0.043 2
	(0.164 5)	(0.165 3)	(0.164 0)	(0.117 5)	(0.117 6)	(0.119 1)
L. OFDI	—	—	—	0.557 9***	0.561 8***	0.565 7***
				(0.052 3)	(0.052 0)	(0.052 6)
TRADE	0.698 3***	0.694 1***	0.646 1***	0.100 3	0.104 9	0.085 3***
	(0.210 9)	(0.214 9)	(0.212 6)	(0.175 2)	(0.174 7)	(0.179 7)
GDPPC	2.187 3***	2.107 1***	1.954 4***	0.390 5	0.355 2	0.467 3
	(0.445 5)	(0.445 9)	(0.501 0)	(0.361 1)	(0.358 9)	(0.398 5)
ER	0.472 8***	0.457 4***	0.436 9***	0.150 8*	0.147 5*	0.158 4*
	(0.108 4)	(0.108 6)	(0.113 0)	(0.080 2)	(0.079 9)	(0.082 7)
CPI	6.762 8***	6.540 4***	5.880 8***	3.667 4***	3.433 8***	3.883 4***
	(1.164 6)	(1.223 7)	(1.196 5)	(1.081 6)	(1.111 4)	(1.153 9)
R&D	0.083 6	0.061 4	0.023 0	0.110 9	0.105 5	0.130 3
	(0.133 7)	(0.133 9)	(0.142 3)	(0.101 6)	(0.101 7)	(0.109 6)
FDI	0.491 9***	0.491 3***	0.471 7***	0.128 6*	0.125 1	0.130 0*
	(0.102 8)	(0.104 2)	(0.104 8)	(0.077 8)	(0.078 5)	(0.078 7)
ρ	−0.105 1	−0.068 5	0.036 9	−0.018 3	0.006 1	−0.062 8
	(0.065 1)	(0.079 8)	(0.107 6)	(0.059 8)	(0.071 6)	(0.107 8)
R²	0.944 0	0.943 2	0.942 5	0.965 3	0.965 0	0.965 4
LogL	−107.152 8	−108.078 9	−108.390 2	−41.508 6	−41.629 8	−41.414 4
观测值	176	176	176	165	165	165

注：（ ）中的数值为标准差，***、** 和 * 分别代表 1%、5% 和 10% 的显著性水平。

观察表 6.18 和表 6.19 的回归结果，我们发现 FIN-stru1 和 FIN-stru2 的系数都为负值且不显著，说明当前东部地区直接融资比例的提高没有显著促进对外直接投资的增加，可能的原因是东部地区的社会融资模式是以间接融资为主，直接融资占比小，因此对东部地区的对外直接投资没有显著影响。

（3）金融效率指标回归

最后，本书将反映东部地区金融效率的两个指标也就是非国有贷款占比（FIN-eff1）和金融机构存贷比（FIN-eff2）分别代入模型 6-2 和模型 6-3，

回归结果如下：

表 6.20　东部地区非国有企业贷款占比（FIN-eff1）回归结果

变量	模型（6-2）			模型（6-3）		
	距离矩阵	经济矩阵	经济距离矩阵	距离矩阵	经济矩阵	经济距离矩阵
FIN-eff1	1.667 5***	1.711 2***	1.693 6***	0.574 0**	0.588 6***	0.598 4***
	(0.257 4)	(0.255 9)	(0.258 6)	(0.222 6)	(0.225 1)	(0.227 9)
L. OFDI	—	—	—	0.489 6***	0.488 3***	0.495 9***
				(0.055 9)	(0.056 1)	(0.056 2)
TRADE	0.984 3***	1.013 3***	0.949 1***	0.233 7	0.240 9	0.218 2
	(0.193 3)	(0.196 9)	(0.196 5)	(0.176 9)	(0.176 4)	(0.180 7)
GDPPC	2.151 8***	2.140 8***	1.993 2***	0.553 3	0.559 9	0.680 5*
	(0.401 1)	(0.398 7)	(0.453 5)	(0.354 7)	(0.354 9)	(0.398 1)
ER	0.268 3***	0.257 8**	0.242 5**	0.110 9	0.108 6	0.120 6
	(0.102 6)	(0.101 5)	(0.105 0)	(0.079 8)	(0.079 3)	(0.082 0)
CPI	3.136 7***	3.205 4***	2.505 2**	2.940 4***	2.977 3***	3.275 5***
	(1.187 5)	(1.202 2)	(1.169 2)	(1.093 9)	(1.094 9)	(1.140 5)
R&D	−0.210 1	−0.220 0**	−0.256 7*	−0.000 1	−0.001 7	0.024 1
	(0.128 0)	(0.126 2)	(0.132 6)	(0.106 7)	(0.106 0)	(0.112 9)
FDI	0.624 6***	0.635 8***	0.613 8***	0.213 9***	0.218 6***	0.220 3***
	(0.094 5)	(0.095 3)	(0.097 1)	(0.081 7)	(0.083 3)	(0.083 4)
ρ	−0.073 8	−0.093 1	0.022 1	−0.017 7	−0.026 0	−0.086 7
	(0.059 8)	(0.072 9)	(0.099 2)	(0.058 4)	(0.070 9)	(0.106 6)
R²	0.954 6	0.954 5	0.953 8	0.967 1	0.967 1	0.967 2
LogL	−88.635 9	−88.582 2	−89.369 7	−37.086 3	−37.041 6	−36.770 8
观测值	176	176	176	165	165	165

注：（　）中的数值为标准差，***、**和*分别代表1%、5%和10%的显著性水平。

表 6.21　东部地区金融机构存贷比（FIN-eff2）回归结果

变量	模型（6-2）			模型（6-3）		
	距离矩阵	经济矩阵	经济距离矩阵	距离矩阵	经济矩阵	经济距离矩阵
FIN-eff2	−0.661 0	−0.383 0	−0.064 9	−0.111 1	−0.044 3	−0.153 2
	(0.747 1)	(0.740 3)	(0.740 7)	(0.571 8)	(0.565 6)	(0.576 3)

变量	模型（6-2）			模型（6-3）		
	距离矩阵	经济矩阵	经济距离矩阵	距离矩阵	经济矩阵	经济距离矩阵
L. OFDI	—	—	—	0.559 6***	0.563 2***	0.569 3***
				(0.052 4)	(0.052 2)	(0.053 3)
TRADE	0.631 6***	0.642 7***	0.605 1***	0.085 3	0.092 1	0.067 9
	(0.211 4)	(0.215 3)	(0.213 8)	(0.173 6)	(0.172 9)	(0.178 7)
GDPPC	2.322 6***	2.167 8***	1.954 8***	0.401 5	0.348 4	0.497 9
	(0.477 7)	(0.475 1)	(0.550 7)	(0.384 5)	(0.379 5)	(0.429 7)
ER	0.512 0***	0.484 2***	0.454 2***	0.158 7*	0.152 2*	0.168 9*
	(0.112 2)	(0.111 9)	(0.119 3)	(0.084 1)	(0.083 3)	(0.087 4)
CPI	7.140 2***	6.886 1***	6.139 6***	3.752 7***	3.512 1***	3.979 6***
	(1.151 5)	(1.216 3)	(1.197 4)	(1.068 0)	(1.098 1)	(1.142 2)
R&D	0.075 6	0.050 1	0.013 3	0.107 2	0.101 5	0.129 3
	(0.133 1)	(0.133 6)	(0.142 9)	(0.101 2)	(0.101 3)	(0.109 6)
FDI	0.482 1***	0.489 5***	0.477 0***	0.127 8	0.126 1	0.128 0
	(0.103 8)	(0.105 1)	(0.105 8)	(0.078 8)	(0.079 4)	(0.079 9)
ρ	−0.133 7*	−0.089 4	0.027 0	−0.023 0	0.003 5	−0.073 3
	(0.069 8)	(0.084 4)	(0.114 8)	(0.062 4)	(0.073 8)	(0.112 1)
R²	0.944 0	0.943 0	0.942 3	0.965 3	0.965 0	0.965 4
LogL	−107.094 5	−108.347 0	−108.880 3	−41.600 9	−41.738 3	−41.499 3
观测值	176	176	176	165	165	165

注：（ ）中的数值为标准差，***、**和*分别代表1%、5%和10%的显著性水平。

从以上东部地区金融效率指标的回归结果来看，东部地区非国有贷款占比（FIN-eff1）在静态和动态空间面板中的回归系数都是显著为正，而且显著性水平为1%，说明东部地区非国有贷款占比越高，越有利于促进东部地区对外直接投资的增加，非国有贷款占比的提高反映了东部地区资本配置效率的改善，也就是资本向生产率更高的非国有企业倾斜，促进了东部地区非国有企业的对外直接投资；金融机构存贷比（FIN-eff2）的系数在静态空间面板模型6-2中的回归系数为负但不显著，并且在动态空间面板回归模型5-3中的回归系数也同样为负且不显著。同时从模型6-2和模型6-3的LogL值来看，模型6-3回归结果的LogL值都要高于模型6-2，一般来说LogL的值越大越

中国金融发展对对外直接投资的影响研究

好，由此本书认为在这里动态面板模型 6-3 的回归结果更为可靠，也就是东部地区金融机构存贷比（FIN-eff2）对 OFDI 不存在显著的影响。

总的来说，东部地区的回归结果与省际总体样本的回归结果一致，也就是反映金融规模的金融机构本外币贷款占 GDP 的比重（FIN-scale2）以及反映金融效率的非国有贷款占比（FIN-eff1）显著促进了东部地区对外直接投资，而其他金融发展指标对东部地区的对外直接投资没有显著影响。

6.2.2 中西部地区样本回归

6.2.2.1 非空间普通面板回归

将中西部地区各省份的七个金融发展的分项指标分别带入普通面板回归模型 6-1 中进行检验，Hausman 检验的结果均支持固定效应模型，回归结果如下：

表 6.22　中西部地区非空间普通面板回归结果

变量	(1)	(2)	(3)	(4)	(5)	(6)	(7)
FIN-scale1	-0.229 8						
	(0.228 7)						
FIN-scale2		-0.032 9					
		(0.165 9)					
FIN-scale3			-3.970 4				
			(6.411 3)				
FIN-stru1				0.002 2			
				(0.004 8)			
FIN-stru2					0.132 1		
					(0.327 6)		
FIN-eff1						-0.381 5	
						(0.300 1)	
FIN-eff2							-0.328 5
							(0.561 0)
TRADE	0.254 3**	0.299 8***	0.274 0**	0.300 1***	0.300 9***	0.248 4**	0.287 2**
	(0.117 5)	(0.108 5)	(0.117 0)	(0.107 4)	(0.107 4)	(0.115 3)	(0.110 5)
GDPPC	2.302 9***	2.286 7***	2.311 8***	2.254 7***	2.255 4***	2.387 8***	2.266 3***
	(0.379 0)	(0.383 4)	(0.383 1)	(0.381 0)	(0.381 5)	(0.387 9)	(0.378 7)
ER	0.020 1	-0.037 2	-0.006 8	-0.023 8	-0.027 1	0.034 4	-0.005 7
	(0.109 9)	(0.094 4)	(0.106 0)	(0.098 5)	(0.097 3)	(0.109 5)	(0.108 2)
CPI	3.562 0***	3.042 0***	3.241 5***	3.131 6***	3.126 9***	3.505 9***	3.282 7***
	(1.012 5)	(0.892 8)	(0.929 2)	(0.896 7)	(0.898 0)	(0.948 3)	(0.959 4)

表6.22(续)

变量	(1)	(2)	(3)	(4)	(5)	(6)	(7)
R&D	0.380 5*	0.338 4*	0.354 1*	0.354 2*	0.349 3*	0.373 7*	0.355 1*
	(0.205 9)	(0.202 8)	(0.203 4)	(0.204 5)	(0.203 5)	(0.203 5)	(0.203 8)
FDI	−0.015 9	−0.005 6	0.002 4	−0.007 9	−0.007 7	−0.002 8	−0.011 5
	(0.065 9)	(0.066 5)	(0.067 5)	(0.065 5)	(0.065 5)	(0.065 4)	(0.065 7)
C	−25.587 7***	−24.897 7***	−25.387 9***	−24.842 9***	−24.814 1***	−26.432 3***	−24.906 3***
	(2.645 4)	(2.560 3)	(2.691 7)	(2.541 6)	(2.542 5)	(2.828 6)	(2.543 7)
R^2	0.932 9	0.932 7	0.932 8	0.932 7	0.932 7	0.933 1	0.932 8
观测值	304	304	304	304	304	304	304

注:( ) 中的数值为标准差,***、**和*分别代表1%、5%和10%的显著性水平。

从中西部地区样本的非空间普通面板回归结果来看,所有金融发展指标的回归结果都不显著,这与陈琳和朱一帆(2017)的结论相吻合。可能的原因是中西部地区金融发展水平不高,对外直接投资规模很小,当前还处在以吸引外商直接投资为主的阶段,金融发展对企业对外直接投资的影响不大。

从其他控制变量来看,中西部地区的人均GDP(GDPPC)对企业对外直接投资有显著的正向影响,说明在中西部地区,经济发展水平越高的地方,其对外直接投资也会越多;汇率的回归系数有正有负,且不显著,说明汇率的变动对中西部地区OFDI不存在显著的影响,从理论上讲,当汇率上升(下降)、货币贬值(升值)时,中西部地区企业的对外直接投资会受到抑制(促进),因为货币贬值(升值)时企业对外直接投资的成本会上升(下降),投资水平下降(上升),但是当前汇率的变动对中西部地区OFDI的影响不显著,这说明中西部地区的相关经济主体进行OFDI并没有过多考虑汇率因素。进出口总额(TRADE)、消费价格指数(CPI)以及研发支出水平(R&D)的系数显著为正,说明这些变量对中西部地区的对外直接投资带来了显著的促进作用。此外,FDI对中西部地区的对外直接投资无显著影响,说明中西部地区还没有很好地利用好FDI和OFDI二者间的良性互动机制。

6.2.2.2 空间面板回归

(1)金融规模指标回归

将反映中西部地区金融规模的三个指标FIN-scale1,FIN-scale2,FIN-scale3及控制变量分别代入模型6-2和模型6-3,得到以下回归结果:

表 6.23　中西部地区金融机构本外币贷款占 GDP 的比重（FIN-scale1）回归结果

变量	模型（6-2）			模型（6-3）		
	距离矩阵	经济矩阵	经济距离矩阵	距离矩阵	经济矩阵	经济距离矩阵
FIN-scale1	−0.213 2	−0.205 7	−0.186 8	−0.074 8	−0.060 3	−0.062 4
	(0.215 8)	(0.218 4)	(0.212 4)	(0.160 0)	(0.160 1)	(0.159 4)
L. OFDI	—	—	—	0.668 0***	0.675 6***	0.671 4***
				(0.040 3)	(0.040 1)	(0.040 8)
TRADE	0.226 5**	0.255 4**	0.256 1**	0.084 9	0.093 6	0.095 4
	(0.111 4)	(0.111 9)	(0.108 8)	(0.079 7)	(0.079 7)	(0.079 4)
GDPPC	1.944 7***	2.083 9***	1.711 1***	0.666 0**	0.754 4**	0.703 6**
	(0.384 6)	(0.392 3)	(0.413 8)	(0.303 8)	(0.310 8)	(0.341 9)
ER	0.022 0	0.017 1	0.018 2	0.005 3	0.000 8	0.001 7
	(0.103 7)	(0.104 7)	(0.101 8)	(0.071 5)	(0.071 6)	(0.071 4)
CPI	2.731 1***	2.979 3***	2.060 1*	0.458 0	0.647 5	0.532 2
	(1.010 2)	(1.047 5)	(1.090 3)	(0.736 1)	(0.764 2)	(0.823 9)
R&D	0.300 0	0.363 1*	0.347 6*	−0.132 5	−0.095 5	−0.097 5
	(0.196 8)	(0.196 4)	(0.191 2)	(0.148 9)	(0.145 6)	(0.144 9)
FDI	−0.037 2	−0.039 6	−0.064 8	−0.060 4	−0.054 4	−0.058 7
	(0.062 7)	(0.064 9)	(0.063 6)	(0.044 4)	(0.046 2)	(0.047 1)
ρ	0.189 1**	0.112 5	0.298 3***	0.074 1	0.013 5	0.043 1
	(0.075 1)	(0.079 2)	(0.110 4)	(0.066 0)	(0.067 0)	(0.105 4)
R^2	0.933 3	0.933 2	0.933 8	0.963 2	0.962 9	0.963 0
LogL	−221.724 4	−223.782 5	−221.563 4	−95.707 8	−96.523 2	−96.367 3
观测值	304	304	304	285	285	285

注：（　）中的数值为标准差，***、**和*分别代表 1%、5%和 10%的显著性水平。

表 6.24　中西部地区股票市值占 GDP 的比重（FIN-scale2）回归结果

变量	模型（6-2）			模型（6-3）		
	距离矩阵	经济矩阵	经济距离矩阵	距离矩阵	经济矩阵	经济距离矩阵
FIN-scale2	−0.116 9	−0.075 5	−0.115 3	−0.044 1	−0.022 6	−0.027 8
	(0.159 4)	(0.160 1)	(0.155 8)	(0.110 4)	(0.110 4)	(0.110 3)
L. OFDI	—	—	—	0.668 4***	0.675 9***	0.671 5***
				(0.040 3)	(0.040 1)	(0.040 8)

表6.24(续)

变量	模型（6-2）			模型（6-3）		
	距离矩阵	经济矩阵	经济距离矩阵	距离矩阵	经济矩阵	经济距离矩阵
TRADE	0.258 0**	0.291 1***	0.283 8***	0.095 8	0.104 2	0.105 9
	(0.103 3)	(0.103 3)	(0.100 3)	(0.073 0)	(0.072 9)	(0.072 7)
GDPPC	1.936 2***	2.062 9***	1.686 9***	0.665 1**	0.748 4**	0.695 9**
	(0.384 4)	(0.392 0)	(0.410 2)	(0.304 1)	(0.310 6)	(0.341 2)
ER	−0.031 7	−0.034 4	−0.028 6	−0.012 9	−0.013 8	−0.013 4
	(0.088 9)	(0.089 8)	(0.087 2)	(0.060 1)	(0.060 3)	(0.060 1)
CPI	2.131 8**	2.424 1**	1.470 7	0.243 9	0.488 1	0.355 5
	(0.908 1)	(0.937 3)	(0.986 9)	(0.685 1)	(0.710 9)	(0.788 4)
R&D	0.249 4	0.320 7*	0.305 4	−0.145 6	−0.103 9	−0.106 7
	(0.193 8)	(0.193 2)	(0.187 6)	(0.149 3)	(0.145 2)	(0.144 5)
FDI	−0.023 1	−0.029 7	−0.053 9	−0.055 2	−0.051 4	−0.055 5
	(0.063 0)	(0.065 1)	(0.063 6)	(0.044 7)	(0.046 3)	(0.047 1)
ρ	0.202 4***	0.124 7	0.320 4***	0.077 2	0.015 6	0.047 2
	(0.076 3)	(0.080 1)	(0.110 6)	(0.067 2)	(0.068 2)	(0.107 6)
R^2	0.932 8	0.932 8	0.933 0	0.963 2	0.962 9	0.962 9
LogL	−221.943 3	−224.114 8	−221.677 2	−95.760 8	−96.587 7	−96.424 3
观测值	304	304	304	285	285	285

注：（ ）中的数值为标准差，***、**和*分别代表1%、5%和10%的显著性水平。

表6.25 中西部地区保费收入占GDP的比重（FIN-scale3）回归结果

变量	模型（6-2）			模型（6-3）		
	距离矩阵	经济矩阵	经济距离矩阵	距离矩阵	经济矩阵	经济距离矩阵
FIN-scale3	−3.553 9	−4.874 4	−5.616 2	−3.652 1	−3.894 4	−4.092 7
	(6.047 7)	(6.125 3)	(5.950 4)	(4.161 0)	(4.228 9)	(4.215 9)
L. OFDI	—	—	—	0.668 2***	0.675 0***	0.669 4***
				(0.040 2)	(0.040 0)	(0.040 8)
TRADE	0.245 5**	0.262 9**	0.254 2**	0.073 2	0.077 5	0.078 9
	(0.110 9)	(0.111 5)	(0.108 3)	(0.078 4)	(0.078 5)	(0.078 1)
GDPPC	1.950 1***	2.081 8***	1.706 6***	0.697 2**	0.768 4**	0.704 1**
	(0.388 5)	(0.392 8)	(0.411 5)	(0.306 3)	(0.310 3)	(0.340 2)

表6.25(续)

变量	模型（6-2）			模型（6-3）		
	距离矩阵	经济矩阵	经济距离矩阵	距离矩阵	经济矩阵	经济距离矩阵
ER	−0.003 9	0.003 1	0.014 8	0.014 3	0.015 2	0.017 2
	(0.099 9)	(0.101 1)	(0.098 2)	(0.067 5)	(0.067 9)	(0.067 7)
CPI	2.424 1***	2.695 8***	1.823 7*	0.465 8	0.638 0	0.493 2
	(0.933 8)	(0.949 8)	(0.989 4)	(0.687 4)	(0.700 9)	(0.764 6)
R&D	0.274 6	0.342 4*	0.332 6*	−0.129 3	−0.093 8	−0.095 8
	(0.194 4)	(0.193 6)	(0.188 1)	(0.148 6)	(0.144 8)	(0.143 9)
FDI	−0.020 6	−0.022 2	−0.046 6	−0.048 4	−0.044 7	−0.049 4
	(0.064 3)	(0.066 1)	(0.064 6)	(0.045 4)	(0.046 7)	(0.047 3)
ρ	0.190 0**	0.124 2	0.315 6***	0.071 1	0.023 7	0.062 1
	(0.075 1)	(0.079 2)	(0.136 6)	(0.065 7)	(0.067 7)	(0.106 4)
R^2	0.933 1	0.933 0	0.933 3	0.963 3	0.963 0	0.963 1
LogL	−222.039 3	−223.909 6	−221.506 0	−95.440 0	−96.155 8	−95.935 3
观测值	304	304	304	285	285	285

注：（　）中的数值为标准差，***、**和*分别代表1%、5%和10%的显著性水平。

从以上中西部地区金融规模指标的回归结果来看，金融机构本外币贷款占 GDP 的比重（FIN-scale1）的系数在静态空间面板模型和动态空间面板模型中的回归结果都为正但不显著，股票市值占 GDP 的比重（FIN-scale3）的回归系数为负且不显著，保费收入占 GDP 的比重（FIN-scale4）为正且不显著，说明中西部地区的金融机构本外币贷款占 GDP 的比重（FIN-scale1）、股票市值占 GDP 的比重（FIN-scale3）以及保费收入占 GDP 的比重（FIN-scale4）对企业 OFDI 都没有影响。也就是说，中西部地区的金融规模对其 OFDI 没有显著影响。

（2）金融结构指标回归

表6.26　中西部地区直接融资额占融资总额的比重（FIN-stru1）回归结果

变量	模型（6-2）			模型（6-3）		
	距离矩阵	经济矩阵	经济距离矩阵	距离矩阵	经济矩阵	经济距离矩阵
FIN-stru1	0.002 3	0.001 8	0.001 5	0.004 3	0.004 2	0.004 1
	(0.004 6)	(0.004 6)	(0.004 5)	(0.003 1)	(0.003 2)	(0.003 1)

表6.26(续)

变量	模型（6-2）			模型（6-3）		
	距离矩阵	经济矩阵	经济距离矩阵	距离矩阵	经济矩阵	经济距离矩阵
L. OFDI	—	—	—	0.670 7***	0.678 4***	0.675 1***
				(0.040 2)	(0.040 0)	(0.040 8)
TRADE	0.268 3***	0.296 5***	0.293 6***	0.096 3	0.101 7	0.103 6
	(0.102 1)	(0.102 2)	(0.099 4)	(0.071 6)	(0.071 9)	(0.071 9)
GDPPC	1.893 5***	2.035 3***	1.666 0***	0.604 5**	0.706 8**	0.664 9*
	(0.386 1)	(0.392 2)	(0.412 6)	(0.304 4)	(0.310 1)	(0.341 5)
ER	-0.017 3	-0.023 2	-0.019 1	0.012 1	0.010 4	0.010 4
	(0.092 9)	(0.093 8)	(0.091 2)	(0.062 6)	(0.062 8)	(0.119 7)
CPI	2.329 0**	2.570 4***	1.680 1*	0.417 7	0.659 0	0.557 7
	(0.902 0)	(0.935 0)	(0.983 7)	(0.668 1)	(0.695 8)	(0.768 7)
R&D	0.276 1	0.337 9*	0.324 0*	-0.111 5	-0.072 6	-0.075 0
	(0.195 2)	(0.195 0)	(0.189 7)	(0.149 3)	(0.146 0)	(0.145 4)
FDI	-0.030 1	-0.033 2	-0.059 1	-0.058 8	-0.052 1	-0.055 7
	(0.075 1)	(0.064 6)	(0.063 4)	(0.044 0)	(0.045 8)	(0.046 7)
ρ	0.191 4**	0.116 3	0.302 7***	0.074 3	0.008 4	0.032 9
	(0.090 1)	(0.079 1)	(0.110 1)	(0.065 6)	(0.066 9)	(0.105 5)
R^2	0.933 1	0.933 0	0.933 4	0.963 4	0.963 1	0.963 2
LogL	-222.086 4	-224.150 8	-221.894 8	-95.003 5	-95.846 0	-95.723 0
观测值	304	304	304	285	285	285

注：（　）中的数值为标准差，***、**和*分别代表1%、5%和10%的显著性水平。

表6.27　中西部地区直接融资额与间接融资额之比（FIN-stru2）回归结果

变量	模型（6-2）			模型（6-3）		
	距离矩阵	经济矩阵	经济距离矩阵	距离矩阵	经济矩阵	经济距离矩阵
FIN-stru2	0.134 1	0.111 6	0.093 0	0.289 2	0.283 2	0.280 6
	(0.308 9)	(0.312 1)	(0.303 6)	(0.210 5)	(0.211 3)	(0.210 6)
L. OFDI	—	—	—	0.670 8***	0.678 4***	0.674 9***
				(0.040 2)	(0.040 0)	(0.040 8)
TRADE	0.269 2***	0.297 0***	0.294 0***	0.097 1	0.102 6	0.104 5
	(0.102 0)	(0.102 2)	(0.099 4)	(0.071 6)	(0.071 9)	(0.071 8)

表6.27(续)

变量	模型（6-2）			模型（6-3）		
	距离矩阵	经济矩阵	经济距离矩阵	距离矩阵	经济矩阵	经济距离矩阵
GDPPC	1.895 1***	2.033 9***	1.664 8***	0.600 6**	0.698 3**	0.656 2**
	(0.386 5)	(0.392 7)	(0.413 1)	(0.304 8)	(0.310 7)	(0.341 8)
ER	−0.020 9	−0.025 6	−0.021 1	0.007 9	0.006 5	0.006 6
	(0.091 8)	(0.092 6)	(0.090 1)	(0.061 8)	(0.062 0)	(0.061 8)
CPI	2.323 6**	2.565 8***	1.676 1*	0.431 5	0.662 7	0.561 4
	(0.903 4)	(0.935 0)	(0.983 8)	(0.669 5)	(0.696 2)	(0.769 0)
R&D	0.270 9	0.334 2*	0.320 9*	−0.118 4	−0.079 9	−0.082 0
	(0.194 3)	(0.194 0)	(0.188 7)	(0.148 7)	(0.145 3)	(0.144 7)
FDI	−0.029 9	−0.033 2	−0.059 0	−0.058 3	−0.052 0	−0.055 6
	(0.062 3)	(0.064 6)	(0.063 4)	(0.044 0)	(0.045 8)	(0.046 7)
ρ	0.191 2**	0.116 9	0.303 3***	0.073 5	0.010 1	0.034 8
	(0.075 1)	(0.079 0)	(0.110 0)	(0.065 6)	(0.066 8)	(0.105 4)
R^2	0.933 1	0.932 9	0.933 4	0.963 4	0.963 1	0.963 2
LogL	−222.117 7	−224.161 9	−221.903 1	−95.015 4	−95.838 5	−95.712 4
观测值	304	304	304	285	285	285

注：（ ）中的数值为标准差，***、**和*分别代表1%、5%和10%的显著性水平。

从中西部地区金融结构指标的回归结果来看，直接融资额占融资总额的比重（FIN-stru1）和直接融资额与间接融资额之比（FIN-stru2）的回归系数都不显著，可能的原因是中西部地区的融资结构也是以传统的信贷这种间接融资方式为主，大部分中西部省份的直接融资比例相对东部省份更低，因此当前直接融资对于缓解企业对外直接投资过程中的融资约束作用不大，对企业OFDI没有显著影响。

（3）金融效率指标回归

表6.28　中西部地区非国有企业贷款占比（FIN-eff1）回归结果

变量	模型（6-2）			模型（6-3）		
	距离矩阵	经济矩阵	经济距离矩阵	距离矩阵	经济矩阵	经济距离矩阵
FIN-eff1	−0.421 5	−0.401 3	−0.422 9	−0.229 5	−0.201 5	−0.210 4
	(0.283 0)	(0.285 7)	(0.277 6)	(0.201 8)	(0.201 8)	(0.201 4)

表6.28(续)

变量	模型（6-2）			模型（6-3）		
	距离矩阵	经济矩阵	经济距离矩阵	距离矩阵	经济矩阵	经济距离矩阵
L. OFDI	—	—	—	0.664 2***	0.672 7***	0.667 2***
				(0.040 3)	(0.040 0)	(0.040 8)
TRADE	0.209 9*	0.241 1**	0.196 4**	0.065 8	0.076 6	0.078 1
	(0.109 5)	(0.109 7)	(0.106 6)	(0.078 1)	(0.077 9)	(0.077 5)
GDPPC	2.027 5***	2.156 9***	1.779 4***	0.725 2**	0.807 1**	0.744 2**
	(0.390 0)	(0.397 3)	(0.415 3)	(0.308 3)	(0.315 2)	(0.343 4)
ER	0.048 1	0.041 3	0.051 4	0.030 1	0.023 7	0.025 9
	(0.103 3)	(0.104 3)	(0.101 3)	(0.070 8)	(0.071 0)	(0.070 7)
CPI	2.721 1***	2.947 1***	2.062 6**	0.528 9	0.718 3	0.574 7
	(0.941 3)	(0.970 1)	(1.007 7)	(0.691 1)	(0.716 1)	(0.776 4)
R&D	0.296 1	0.360 9*	0.350 4*	-0.131 4	-0.091 1	-0.093 3
	(0.193 9)	(0.193 8)	(0.188 2)	(0.148 1)	(0.144 8)	(0.143 9)
FDI	-0.025 1	-0.029 4	-0.055 5	-0.054 2	-0.049 8	-0.054 9
	(0.062 2)	(0.064 5)	(0.063 1)	(0.044 1)	(0.045 9)	(0.046 7)
ρ	0.197 6***	0.123 4	0.315 7***	0.082 6	0.020 4	0.058 6
	(0.074 9)	(0.078 8)	(0.109 0)	(0.066 2)	(0.067 2)	(0.105 7)
R^2	0.933 5	0.933 4	0.934 2	0.963 4	0.963 1	0.963 1
LogL	-221.107 9	-223.243 0	-220.796 0	-95.022 4	-95.972 1	-95.749 5
观测值	304	304	304	285	285	285

注：（ ）中的数值为标准差，***、**和*分别代表1%、5%和10%的显著性水平。

表 6.29 中西部地区金融机构存贷比（FIN-eff2）回归结果

变量	模型（6-2）			模型（6-3）		
	距离矩阵	经济矩阵	经济距离矩阵	距离矩阵	经济矩阵	经济距离矩阵
FIN-eff2	-0.160 5	-0.160 7	-0.017 1	-1.044 7	-1.042 9	-1.032 6
	(0.533 5)	(0.547 6)	(0.532 1)	(0.997 5)	(0.993 3)	(0.997 1)
L. OFDI	—	—	—	0.673 3***	0.681 8***	0.680 2***
				(0.040 0)	(0.039 7)	(0.040 8)

表6.29(续)

变量	模型 (6-2)			模型 (6-3)		
	距离矩阵	经济矩阵	经济距离矩阵	距离矩阵	经济矩阵	经济距离矩阵
TRADE	0.264 1 **	0.291 2 ***	0.294 7 ***	0.050 8	0.055 2	0.056 8
	(0.104 7)	(0.105 3)	(0.102 4)	(0.074 0)	(0.074 5)	(0.074 7)
GDPPC	1.916 1 ***	2.053 7 ***	1.676 6 ***	0.648 3 **	0.776 9 **	0.749 5 **
	(0.384 0)	(0.391 4)	(0.413 1)	(0.300 3)	(0.307 2)	(0.340 4)
ER	-0.015 6	-0.018 7	-0.026 2	0.081 5	0.080 3	0.079 5
	(0.102 2)	(0.103 5)	(0.100 5)	(0.071 1)	(0.071 4)	(0.071 2)
CPI	2.379 9 **	2.638 8 **	1.640 8	0.945 7	1.260 4 *	1.184 8
	(0.975 2)	(1.023 6)	(1.076 4)	(0.709 3)	(0.748 6)	(0.825 6)
R&D	0.270 4	0.334 4 *	0.315 5 *	-0.133 7	-0.090 8	-0.093 1
	(0.195 3)	(0.194 6)	(0.189 3)	(0.147 1)	(0.143 5)	(0.143 2)
FDI	-0.031 4	-0.034 2	-0.059 4	-0.068 5	-0.058 4	-0.061 3
	(0.062 5)	(0.064 7)	(0.063 4)	(0.043 9)	(0.045 6)	(0.046 5)
ρ	0.188 2 **	0.113 0	0.304 0 ***	0.074 4	-0.006 9	0.009 0
	(0.075 7)	(0.081 0)	(0.112 5)	(0.065 3)	(0.067 0)	(0.106 1)
R^2	0.933 2	0.933 0	0.933 3	0.963 9	0.963 6	0.963 6
LogL	-222.166 6	-224.182 8	-221.949 5	-93.163 8	-94.048 6	-93.992 0
观测值	304	304	304	285	285	285

注：（ ）中的数值为标准差，*** 、** 和 * 分别代表1%、5%和10%的显著性水平。

从中西部地区的金融效率指标的回归结果来看，非国有企业贷款占比（FIN-eff1）和金融机构存贷比（FIN-eff2）的回归结果都不显著，说明反映金融效率的两个指标都没有显著促进中西部地区的 OFDI，整体上中西部地区金融市场的效率还比较低，对企业 OFDI 还难以形成显著的影响。

总体来看，无论是从金融规模、金融结构还是金融效率来看，中西部地区的金融发展对 OFDI 的影响都不显著。因为大部分中西部省份金融发展滞后，对外直接投资步伐缓慢，目前主要是以吸引外商直接投资为主，对外直接投资规模很小，因此金融发展对中西部地区对外直接投资的影响也不明显，这与中西部地区非空间面板普通回归的结果是一致的，说明回归结果是稳健的。

6.2.3 东部和中西部回归结果的比较

从东部和中西部回归结果来看，东部地区的回归结果与全国总样本的回归结果是一致的，在所有金融发展指标中，反映金融规模的金融机构本外币贷款占 GDP 的比重（FIN-scale1）以及反映金融效率的非国有企业贷款比重（FIN-eff1）对 OFDI 有显著的正向影响，其他金融发展指标的影响则不显著；而中西部地区的所有金融发展指标的系数都不显著。因为东部地区的经济发展水平和金融发展水平较高，金融市场间接融资规模的扩大以及金融市场资金配置效率的改善有效促进了东部地区对外直接投资；而大多数中西部省份在经济发展水平、金融发展程度以及对外直接投资规模上与东部地区还存在较大的差距，目前还主要处于吸引外商直接投资的阶段，对外直接投资规模很小，金融发展对 OFDI 的影响也不明显。因此不论是从金融市场规模、金融市场融资结构还是金融市场效率来看，金融发展对中西部地区的对外直接投资都没有产生显著的影响。

6.3 本章小结

本章主要从省际层面分析了金融发展对 OFDI 的影响，首先本章从金融规模、金融结构和金融效率三个方面构建了本章的七个具体的金融发展分项指标，接着分别对全国总体样本、东部及中西部分样本使用非空间普通面板回归方法和空间面板回归方法实证检验了金融发展对 OFDI 的影响，其中在空间面板回归方法的使用上，本书分别使用了静态空间面板回归方法和动态空间面板回归方法，并且同时使用了三种矩阵即距离矩阵、经济矩阵和经济距离矩阵来增强回归结果的稳健性。

从总体样本的回归结果来看，反映金融发展程度的金融规模指标即金融机构本外币贷款占 GDP 的比重（FIN-scale1）以及金融效率指标即非国有企业贷款比重（FIN-eff1）对企业对外直接投资有显著的正向影响；在其他控制变量中，进出口（TRADE）、人均 GDP（GDPPC）、研发支出（R&D）以及物价水平（CPI）对 OFDI 具有显著的正向影响，而汇率（ER）则对 OFDI 不

具有显著的影响。此外，外商直接投资（FDI）对东部地区的 OFDI 也具有显著的积极影响。从分地区样本回归结果来看，东部地区的七项金融发展指标回归结果与全国总体样本一致，而中西部地区的金融发展指标都不显著，也就是说中西部地区金融发展对 OFDI 没有显著的影响。

7 金融发展对 OFDI 影响的实证——基于长江经济带视角

7.1 引言

长江经济带横跨我国东中西三大区域，东起上海，西至云南，覆盖上海、江苏、浙江、安徽、江西、湖北、湖南、重庆、四川、云南、贵州 11 省（市），面积约 205 万平方千米，占全国的 21%，2018 年年末，长江经济带人口总量约占全国总人口的 43%，2018 年 GDP 约占全国 GDP 总量的 45%。改革开放以来，长江经济带已发展成为我国综合实力最强、战略支撑作用最大的区域之一，具有独特的优势和巨大的发展潜力。2014 年 9 月，国务院印发《国务院关于依托黄金水道推动长江经济带发展的指导意见》，部署将长江经济带建设成为具有全球影响力的内河经济带、东中西互动合作的协调发展带、沿海沿江沿边全面推进的对内对外开放带和生态文明建设的先行示范带。该意见提出七项重点任务，其中第五项是培育全方位对外开放新优势。2016 年 9 月，《长江经济带发展规划纲要》正式印发，该纲要中再次提到要努力构建全方位开放新格局。本书认为培育长江经济带全方位对外开放新优势和构建全方位对外开放新格局的一个重要方面就是培育对外直接投资（OFDI）优势，促进对外直接投资发展。2016—2018 年，习近平总书记分别在重庆和武汉主持召开长江经济带发展座谈会并发表重要讲话。他强调，推动长江经济带发展是党中央作出的重大决策，是关系国家发展全局的重大战略。因此，

在党中央高度关注长江经济带发展，提出要努力构建全方位对外开放新格局的背景下，研究长江经济带金融发展对 OFDI 的影响并据此提出促进长江经济带 OFDI 发展的政策建议对于促进长江经济带形成对外开放新格局具有非常重要的实际意义。本章将以长江经济带为研究对象，建立动态空间面板模型，基于金融规模、结构和效率三重视角考察金融发展和 OFDI 之间的关系。

7.2　模型设定和变量选取

7.2.1　计量模型构建

本文中我们使用了来自中国长江经济带九省二市在 2003—2018 年的面板数据（个别缺失的数据通过插值法补齐）来分析金融发展对 OFDI 的影响。在借鉴已有文献的基础之上，本书设定的动态空间面板回归模型如下：

$$\ln OFDI_{it} = \beta_0 + \alpha\ln OFDI_{it-1} + \rho\sum_{j=1}^{N}W_{ij}\ln OFDI_{jt} + \gamma\ln FIN_{it} + \beta\ln Z_{it} + \mu_{it}$$

$$(7-1)$$

其中，FIN_{it} 代表各地区的金融发展水平，Z_{it} 表示一系列的控制变量，包括外贸依存度、人均 GDP、汇率、CPI 及研发支出水平。ρ 为空间自回归系数。

7.2.2　变量选取和数据来源

本书以长江经济带（包括九省和两个直辖市）为研究对象，考察长江经济带金融发展对 OFDI 的影响。本书选取的变量如下：

7.2.2.1　解释变量和被解释变量

被解释变量为 OFDI，与之前章节被解释变量使用 OFDI 存量进行表示不同，本章使用长江经济带各省（自治区、直辖市）的 OFDI 流量，以便与上一章的结果进行对比来考察回归结果的稳健性。主要解释变量为金融发展，本章从省际金融规模、结构和效率三个方面构建金融发展的分项指标，来全面反映金融发展对 OFDI 的影响，其中省际金融发展规模分别使用金融机构本外币贷款余额占 GDP 的比重（FIN-scale1）、各省份股票市值占 GDP 的比重

（FIN-scale2）以及各省份原保费收入占 GDP 的比重（FIN-scale3）来衡量；省际金融结构使用直接融资额占地区社会融资总额的比重即（地区股票融资额+地区债券融资额）/地区社会融资总额（FIN-stru1）以及直接融资与间接融资之比即（地区股票融资额+地区债券融资额）/地区贷款融资额（FIN-stru2）来表示；省际金融效率用非国有企业贷款比重（FIN-eff1）以及金融机构存贷比即金融机构本外币贷款余额与金融机构本外币存款余额之比来衡量（FIN-eff2），由于没有公布非国有部门企业贷款的相关数据，本书借鉴李梅（2014）的方法，假设全部信贷都分配到国有企业和非国有部门，而且投到国有企业的信贷与国有企业的固定资产投资额成正比，那么非国有部门的信贷占 GDP 的比例就可以用扣除国有企业的信贷占比来表示，即非国有企业贷款比重=金融机构贷款总额/GDP×（1-国有经济固定资产投资额/全社会固定资产投资额）。OFDI 数据来自历年《中国商务年鉴》，金融发展相关数据来自历年《中国金融年鉴》以及历年《中国证券期货统计年鉴》。

7.2.2.2 控制变量

除了主要解释变量之外，本章还加入了一些可能影响对外直接投资的其他变量。

一是外贸依存度（TRADE）。施炳展，齐俊妍（2011）认为金融发展水平的提升可以促进企业从不出口到出口，进一步地又会降低企业国际化的固定成本，促进企业由出口向对外直接投资转变，也就是说对外贸易活动会影响对外直接投资。在此用进出口总额占 GDP 的比重来反映各地区对外贸易状况。

二是人均 GDP（GDPPC）。人均 GDP 水平反映了一国的经济发展水平，母国经济发展水平越高，越能够给企业对外直接投资提供良好的资本和风险保障。

三是汇率（ER）。汇率提高时，人民币会贬值，企业对外直接投资成本上升，一定程度上抑制了企业对外直接投资。汇率用人民币对美元的年平均汇率来表示。

四是物价水平（CPI）。本书用消费价格指数 CPI 来反映物价水平，一国物价水平越高，投资成本也越高，企业就会寻找生产成本更低的国家和地区投资，对外直接投资会增加。

五是研发支出水平（R&D）。在此以各省份历年研发内部支出占 GDP 的比值来反映各省的研发支出水平，研发支出的增加有助于提高企业的生产率，新新贸易理论认为，生产率越高的企业越容易进行对外直接投资。

以上控制变量数据都来自国家统计局网站或者各省统计年鉴，其中对进出口总额、人均 GDP 和外商直接投资的数据都进行了对数处理。

主要变量的描述性统计量如表 7.1 所示。

表 7.1　主要变量的描述性统计量

变量名	变量符号	观测数	均值	标准差	最小值	最大值
OFDI 流量	OFDI	176	2.461	3.185	−9.689	7.466
金融机构本外币贷款余额占 GDP 的比重	FIN−scale1	176	1.155	0.317	0.605	1.939
股票市值占 GDP 的比重	FIN−scale2	176	0.411	0.428	0.073	3.442
保费收入占 GDP 的比重	FIN−scale3	176	0.029	0.007	0.019	0.052
直接融资额占地区社会融资总额的比重	FIN−stru1	176	13.106	8.489	0.300	40.369
直接融资额与间接融资额之比	FIN−stru2	176	0.163	0.125	0.003	0.677
非国有企业贷款占 GDP 的比重	FIN−eff1	176	0.804	0.264	0.419	1.537
金融机构存贷比	FIN−eff2	176	0.738	0.081	0.495	0.934
外贸依存度	TRADE	176	0.325	0.405	0.032	1.721
人均 GDP	GDPPC	176	9.909	0.728	8.161	11.533
汇率	ER	176	7.013	0.759	6.143	8.277
物价水平	CPI	176	1.273	0.164	1.001	1.573
研发支出水平	R&D	176	1.448	0.751	0.406	3.774

7.2.3　主要变量的空间相关性检验

本书拟使用空间计量方法进行回归分析，一般可以通过计算相关变量的 Moran's I 指数和 Geary's c 指数来检验其是否存在空间自相关性以判断此方法

是否可行。为了更好地反映现实中发达地区与非发达地区之间相互影响的非对称性，这里主要基于经济—地理距离权重矩阵对样本期内长江经济带 OFDI 流量的空间 Moran's I 指数和 Geary's c 指数进行测算，具体的测算结果如下：

表 7.2　OFDI 流量空间自相关检验

年份	Moran's I 指数值	Geary's c 指数值
2003 年	0.373*** (2.903)	0.637** (-1.894)
2004 年	0.135** (1.776)	0.723* (-1.300)
2005 年	0.137** (1.992)	0.694* (-1.387)
2006 年	0.095* (1.417)	0.729 (-1.291)
2007 年	0.035 (0.878)	0.801 (-0.997)
2008 年	-0.028 (0.458)	0.840 (-0.812)
2009 年	0.152* (1.430)	0.783 (-1.208)
2010 年	0.136** (1.682)	0.696* (-1.459)
2011 年	0.176** (1.816)	0.688* (-1.559)
2012 年	0.216** (2.225)	0.676* (-1.562)
2013 年	0.544*** (3.660)	0.535*** (-2.578)
2014 年	0.132* (1.388)	0.805 (-1.032)
2015 年	0.371*** (2.930)	0.638** (-1.873)
2016 年	0.324*** (2.636)	0.661** (-1.754)

表7.2(续)

年份	Moran's I 指数值	Geary's c 指数值
2017 年	0.075 (1.201)	0.794 (-1.005)
2018 年	0.376*** (2.960)	0.601** (-2.062)

注：括号中为参数估计的 Z 值，***、**、*分别表示在1%、5%和10%的显著性水平下显著。

从表 7.2 可以看出，2003—2018 年长江经济带 OFDI 流量的全域 Moran's I 指数除个别年份外均为正值，Geary's c 指数值在所有年份都小于 1，且两种指数值在绝大多数年份都通过了至少 10%的显著性检验，说明我国长江经济带 OFDI 具有明显的空间集聚特征。

7.3 计量结果及分析

7.3.1 基于金融规模指标的回归结果

将代表金融规模的 3 个指标分别代入模型（7-1）中，并使用地理距离和经济地理距离两种矩阵进行回归分析，得到的回归结果如表 7.3 所示：

表 7.3 金融规模指标的回归结果

解释变量	被解释变量：OFDI 流量		被解释变量：OFDI 流量		被解释变量：OFDI 流量	
	地理距离矩阵	经济—地理距离矩阵	地理距离矩阵	经济—地理距离矩阵	地理距离矩阵	经济—地理距离矩阵
L. OFDI	0.326 0*** (0.059 2)	0.335 1*** (0.060 6)	0.318 5*** (0.059 6)	0.328 7*** (0.060 9)	0.319 0*** (0.058 8)	0.329 1*** (0.060 1)
FIN-scale1	1.641 4*** (0.024 5)	1.602 5*** (0.049 2)				
FIN-scale2			0.107 9 (0.329 6)	0.115 5 (0.337 1)		
FIN-scale3					-54.979 4 (46.469 5)	-57.394 3 (48.067 5)
TRADE	-1.548 4 (0.971 3)	-1.862 9 (1.280 5)	-1.613 1 (0.981 2)	-1.863 9 (1.989 8)	-1.410 1 (0.971 5)	-1.636 2 (0.989 3)

表7.3(续)

解释变量	被解释变量：OFDI 流量		被解释变量：OFDI 流量		被解释变量：OFDI 流量	
	地理距离矩阵	经济—地理距离矩阵	地理距离矩阵	经济—地理距离矩阵	地理距离矩阵	经济—地理距离矩阵
GDPPC	1.945 6 (1.330 9)	2.197 6* (1.357 5)	2.542 5* (1.307 6)	2.672 9** (1.332 2)	2.274 3* (1.294 4)	2.364 1* (1.318 6)
ER	−1.291 3 (1.429 5)	−1.146 8 (1.377 7)	−0.218 4 (1.196 0)	−0.102 0 (1.224 4)	−0.101 7 (1.233 1)	0.026 0 (1.195 5)
CPI	2.968 2 (6.913 3)	1.519 2 (6.982 3)	6.651 3 (6.548 8)	5.514 0 (6.607 2)	8.498 1 (6.451 4)	7.488 7 (6.509 3)
R&D	1.649 2*** (0.567 7)	1.573 5*** (0.581 4)	1.479 3*** (0.558 4)	1.402 4** (0.571 3)	1.512 7*** (0.551 7)	1.437 9** (0.564 4)
ρ	−0.339 4*** (0.113 1)	−0.244 0* (0.126 1)	−0.329 3*** (0.113 5)	−0.232 7* (0.126 3)	−0.320 4*** (0.112 9)	−0.220 7* (0.125 7)
R^2	0.875 9	0.873 9	0.874 4	0.872 5	0.878 0	0.876 0
Log-L	−191.153 7	−193.746 6	−192.161 0	−194.736 0	−189.981 1	−192.539 1
样本量	165	165	165	165	165	165

注：括号中为参数估计的标准误，***、**、*分别表示在1%、5%和10%的显著性水平下显著。

从表7.3中 R^2 的统计值可以看出，模型的拟合度较好，回归可信度较高，OFDI 的一阶滞后项在1%的显著性水平下为正，从金融规模三个分项指标的回归结果来看，FIN-scale1（金融机构本外币贷款余额占 GDP 的比重）不论是在地理距离矩阵还是在经济地理距离矩阵中都是显著的，而 FIN-scale2（股票市值占 GDP 的比重）和 FIN-scale3（保费收入占 GDP 的比重）在两种矩阵下回归结果都不显著，说明金融机构本外币贷款余额占 GDP 的比重（FIN-scale1）显著促进了对外直接投资，贷款比例的上升使得更多企业通过信贷获取融资，缓解了企业在 OFDI 过程中的融资约束，促进了对外直接投资。股票市值占 GDP 的比值（FIN-scale2）对对外直接投资的影响不显著，可能的原因是我国当前的融资模式还是以信贷这种间接融资为主（陈琳 等，2017），长江经济带也不例外，股票融资在企业融资总规模中所占的比重较低，对企业对外直接投资的影响较小。保费收入占 GDP 的比重（FIN-scale3）

对 OFDI 的影响也不显著，因为我国目前针对海外投资的保险尚未建立一个完整的制度，保险机构还不能给投资企业提供多样化的保险服务，因此在我国现行的保险制度框架下，企业对外直接投资过程中有可能面临的各种政治和经济风险等还得不到十分有效的保障，保险机构的规模扩大对企业 OFDI 的影响还不显著。总体来看，在反映金融规模的三个分项指标中，只有金融机构本外币贷款余额占 GDP 的比重（FIN-scale1）对 OFDI 的影响是显著的。

从其他控制变量来看，贸易依存度系数为负，且不显著，说明当前长江经济带贸易依存度的增加没有起到促进对外直接投资的作用。一般来说，在金融发展水平较低时，企业没有出口，金融发展水平在不断提升的过程中，企业会逐渐从不出口向出口转变，随着发展水平的进一步提高，企业国际化的成本下降，企业的国际化选择会从出口向对外投资转变（施炳展 等，2011）；同时，进口的增加会引进先进的技术和生产设备，提高企业的生产率，促进 OFDI 的增加。但是，长江经济带中除上海、江苏和浙江三个地区以外都是位于中西部地区的省（直辖市），金融发展水平整体偏低，OFDI 规模较小，进出口对 OFDI 的影响有限，因此外贸依存度没有起到显著促进 OFDI 的作用。从表 6.3 以及下文的表 6.4 和表 6.5 中的回归结果来看，人均 GDP 的系数基本上是显著为正的，人均 GDP 指标反映了各省经济发展水平，说明经济发展水平越高的省份，对外直接投资越多，因为一般来说，经济发展水平越高的省份，其企业数量越多，生产率越高，对外直接投资越活跃。汇率的回归系数不显著，一般汇率越高，表明人民币贬值程度越大，企业对外直接投资成本越高，因而一般会抑制对外直接投资，但是从回归结果来看，当前汇率对省际对外直接投资的影响还不显著。CPI 回归系数不显著，说明物价水平对长江经济带 OFDI 没有显著影响。研发投入的系数显著为正。研发投入强度是衡量技术创新能力的最常见的指标，研发投入越多，企业生产率越高，一般来说企业的对外直接投资也会越多。

7.3.2 基于金融结构指标的回归结果

将代表金融结构的两个指标分别代入模型（7-1）中，并使用地理距离和经济地理距离两种矩阵进行回归分析，得到的回归结果如表 7.4 所示：

表 7.4　金融结构指标的回归结果

解释变量	被解释变量：OFDI 流量		被解释变量：OFDI 流量	
	地理距离矩阵	经济—地理距离矩阵	地理距离矩阵	经济—地理距离矩阵
L. OFDI	0.315 7*** (0.059 7)	0.325 8*** (0.061 0)	0.316 2*** (0.059 7)	0.326 3*** (0.061 0)
FIN-stru1	-0.008 1 (0.011 8)	-0.008 9 (0.012 1)		
FIN-stru2			-0.492 0 (0.756 5)	-0.552 4 (0.771 6)
TRADE	-1.779 9 (1.295 8)	-2.015 9 (1.687 8)	-1.763 7 (1.674 8)	-2.004 7 (1.999 1)
GDPPC	2.677 1** (1.320 3)	2.778 0** (1.342 8)	2.690 3** (1.324 6)	2.804 2** (1.347 1)
ER	-0.380 8 (1.186 0)	-0.264 9 (1.213 7)	-0.360 6 (1.254 9)	-0.234 3 (1.211 4)
CPI	5.434 4 (6.555 1)	4.435 6 (6.594 5)	5.417 7 (6.564 9)	4.379 0 (6.603 8)
R&D	1.536 9*** (0.563 6)	1.462 0** (0.576 3)	1.518 1*** (0.560 8)	1.441 2*** (0.573 3)
ρ	-0.323 7*** (0.113 7)	-0.230 4* (0.126 2)	-0.323 0*** (0.113 7)	-0.228 8* (0.126 2)
R^2	0.874 7	0.872 8	0.874 7	0.872 8
Log-L	-192.014 4	-194.504 7	-192.046 2	-194.534 1
样本量	165	165	165	165

注：括号中为参数估计的标准误，***、**、*分别表示在1%、5%和10%的显著性水平下显著。

从金融结构指标来看，直接融资额占地区社会融资总额的比重（FIN-stru1）和直接融资与间接融资之比（FIN-stru2）的系数都为负且不显著，这两个指标都是反映社会融资结构的，随着我国金融的不断发展，股票和债券在企业获取资金来源中的占比在不断上升，直接融资模式的优点在于投融资双方可以直接对接，投资者也可以对融资方进行监督，这有利于改善融资方的投资和经营效率；同时，从理论上说，资本市场的发展也为企业提供了更

多融资渠道，不再完全依赖银行信贷，一直以来银行在贷款时更青睐国有企业，而非国有企业获取贷款则困难重重，因此资本市场的发展让更多的非国有企业获得了融资，在一定程度上改善了社会资本配置效率，对企业对外直接投资有积极影响。但是，由于目前中国企业融资主要是以信贷等间接融资规模为主，根据相关统计数据，2003 年长江经济带各省（直辖市）直接融资占社会融资总额的比重平均为 2.79%，2018 年该比重的平均值上升到 9.64%，其中直接融资占比排在前四位的省（直辖市）分别为江苏 18.05%、湖南 16.9%、浙江 15.5% 以及上海 12.7%，其他地区都没有达到 10%。总体上看，2003—2018 年长江经济带直接融资的比重不断上升，间接融资的比重呈不断下降趋势，但是间接融资即信贷融资方式在社会融资结构中还是占据了绝对主导地位，因而直接融资占比的提高对企业对外直接投资的影响还不显著。

7.3.3　基于金融效率指标的回归结果

将代表金融效率的两个指标分别代入模型（7-1）中，并使用地理距离和经济地理距离两种矩阵进行回归分析，得到的回归结果如下：

表 7.5　金融效率指标的回归结果

解释变量	被解释变量：OFDI 流量		被解释变量：OFDI 流量	
	地理距离矩阵	经济—地理距离矩阵	地理距离矩阵	经济—地理距离矩阵
L. OFDI	0.292 9*** (0.059 8)	0.301 2*** (0.061 2)	0.306 0*** (0.058 9)	0.315 7*** (0.060 1)
FIN-eff1	1.916 7** (0.922 1)	1.973 3** (0.944 3)		
FIN-eff2			4.942 40*** (2.204 9)	5.057 2*** (2.253 5)
TRADE	-1.546 3 (1.275 4)	-1.856 6 (1.472 7)	-1.423 4 (0.969 1)	-1.659 1 (1.214 4)
GDPPC	2.832 6** (1.302 2)	3.069 7** (1.328 0)	2.815 6** (1.293 0)	2.950 9** (1.315 1)
ER	0.636 6 (1.290 1)	0.772 0 (1.248 8)	-0.535 8 (1.235 5)	-0.412 9 (1.192 8)

表7.5(续)

解释变量	被解释变量：OFDI 流量		被解释变量：OFDI 流量	
	地理距离矩阵	经济—地理距离矩阵	地理距离矩阵	经济—地理距离矩阵
CPI	9.843 8 (6.489 4)	8.298 6 (6.557 8)	3.619 4 (6.487 8)	2.558 3 (6.526 2)
R&D	1.532 3*** (0.550 8)	1.464 1*** (0.564 1)	1.561 7*** (0.551 3)	1.487 1*** (0.563 6)
ρ	−0.326 6*** (0.112 6)	−0.221 1* (0.125 6)	−0.331 0*** (0.112 7)	−0.246 0** (0.125 6)
R^2	0.877 5	0.876 1	0.878 5	0.876 6
Log-L	−189.607 6	−192.233 1	−189.747 6	−192.222 9
样本量	165	165	165	165

注：括号中为参数估计的标准误，***、**、*分别表示在1%、5%和10%的显著性水平下显著。

从金融效率指标来看，非国有部门贷款占比（FIN-eff1）的系数在5%的显著性水平下为正，金融机构的存贷比（FIN-eff2）的系数在1%的显著性水平下为正，这与陈琳和朱一帆（2017）的结论一致。非国有部门贷款占比（FIN-eff1）指标反映了金融市场的资本优化配置能力，金融机构的存贷比（FIN-eff2）则反映了金融市场将存款转化为贷款和投资的能力。根据"新新贸易理论"的解释，企业生产率越高，越容易进行对外直接投资，但是中国的实际情况并不完全如此，因为我国 OFDI 主要反映了国家的意志，一直以来对外直接投资的企业主体都是国有企业，大多数国有企业生产率并不高，随着金融市场资本配置效率的改善，更多的资金配置到生产率更高的非国有企业，非国有企业贷款占比上升，这让一些原本有能力但受资金约束而无法进行对外直接投资的非国有企业也开始进行对外直接投资，与此同时也有部分生产率低的国有企业在退出对外直接投资的队伍，但是总体来说进入的企业数量多于退出的企业，对外直接投资规模得以扩大。金融机构存贷比（FIN-eff2）显著的原因是，当前长江经济带社会融资方主要是以贷款融资这种间接融资方式为主导，因此长江经济带金融机构存贷款转化效率的提高，会带来社会资本配置效率的提高，使得更多企业能够通过间接融资的方式获得对外直接投资过程中需要的资金，因此促进了对外直接投资。

7.4　本章小结

本章利用长江经济带 2003—2018 年的面板数据，建立动态空间面板模型，基于金融规模、结构和效率的三重视角，从理论与实证两方面考察了金融发展对 OFDI 的影响，结果发现：金融规模中的金融机构本外币贷款占 GDP 的比重显著促进了 OFDI，但是股票市值占 GDP 的比重和保费收入占 GDP 的比重对 OFDI 的影响不显著；金融结构中的直接融资占社会融资总额的比重和直接融资与间接融资之比对 OFDI 的影响均不显著；金融效率中的非国有部门贷款占比和金融机构存贷比都显著促进了 OFDI。此外，人均 GDP 和研发投入也显著促进了长江经济带 OFDI。

8 │ 政策建议

8.1 深化金融体制改革

一是进一步推进金融体制的市场化改革，逐步改变金融抑制的现状。具体来说，要逐步减少政府对金融市场的管制和干预，包括减少对信贷、利率、资本项目及资本市场等的管制，充分发挥市场机制在资本配置中的主导作用，由市场来决定资本的价格，改变资本价格扭曲的现状。首先，要逐步实现利率市场化，改变银行在提供信贷时偏向国有企业的现状，让民营企业和国有企业拥有同等的融资机会，缓解民营企业的融资约束，进而扩大企业 OFDI；其次，政府也要不断放松对金融市场和机构的管制和干预，使金融机构真正独立，推动银行业的市场竞争，让他们在公平竞争的市场环境下实现自主经营、自主决策和自负盈亏。将资金配置到生产率高的企业和有投资前景的项目，减少对一些缺乏投资潜力和过度投资项目的资金投放，提高资本的配置效率和投资收益率；最后，要减少对资本项目的管制，实现售汇和购汇的汇率统一，逐步放开对资本流出流入的限制，放松外汇管制，简化企业用汇的审批程序，降低购汇成本，提高企业对外直接投资的效率。

二是进行金融机构创新。要充分吸纳民间资本，成立中小型金融机构，增强社会资本的流动性。我国以四大行为首的国有大型金融机构在贷款时偏向国有企业及大型企业，中小企业和民营企业则难以从这些大型金融机构获

取融资。而中小型金融机构一般更倾向于和中小企业合作，向中小企业提供服务，因此中小型金融机构的成立能较好地解决中小企业的融资难问题，尤其是解决那些具有发展潜力、但又受制于大型商业银行的信贷门槛而无法获取融资的中小民营企业的对外直接投资项目融资问题。在推动中小型金融机构和新型金融机构方面，政府也可以借鉴发达国家在促进中小金融机构发展方面的成功经验。

8.2 完善资本市场，优化金融结构

第一，继续推动资本市场的发展，给企业直接融资创造良好条件，以满足不同企业多元化的融资需求。对外直接投资相对国内投资资金需求量更大、投资回报周期更长、风险也更大，因此对于对外直接投资企业来说通过发行股票和债券等直接融资方式融资比贷款方式更有优势。但是我国目前还没能形成完善的资本市场，只有少部分国有企业或者大型企业有资格发行股票和债券，而大部分中小企业和民营企业只能依赖银行信贷的融资方式，减缓了那些有能力进行对外直接投资的企业"走出去"的步伐。第二，要进一步完善企业上市和发行债券的渠道，改变企业主要依赖银行信贷融资的状况，直接融资一方面可以减少投融资双方的信息不对称，投资方能够监督融资方的资金使用状况，提高资本的使用效率，另一方面通过发行股票和债券进行融资也为那些在银行信贷中受到身份"歧视"的民营企业和中小企业提供了更直接的融资渠道。民营企业和中小企业是中国最具活力的经济主体，很多民营企业和中小企业生产率都高于国有企业，但是融资约束限制了这些企业的OFDI。因此，民营企业和中小企业融资问题的缓解势必会给中国对外直接投资带来很大的增长空间。

8.3 推动多元化金融体系的发展

一是充分发挥政策性金融机构对资源配置的引导作用。发挥政策性金融

机构如中国进出口银行、出口与信用保险公司等对企业对外直接投资的引导作用，特别是对资金流向的引导作用，合理配置资金。由于海外投资项目风险较大，很多商业金融机构不敢涉足或者没有足够的能力涉足，而政策性金融由于有政府做强大后盾，可以成为企业对外直接投资发展初期融资的主要来源；同时，政策性金融由于具有政府背景，能够产生资本的"虹吸效应"，吸引大量商业资金参与进来，促进金融资源的优化配置，减少金融资源配置失衡的现象。

二是进一步促进金融咨询、保险及担保等机构的发展和完善。充分发挥各金融机构的专业咨询和保险服务功能，为企业提供专业的投资项目融资、评估、担保以及投资风险保障服务，帮助企业评估投资项目的优劣，规避对外直接投资过程中的各种风险，为企业投资保驾护航，进一步扩大对外直接投资，提高投资效率，与此同时，要加快金融机构包括商业银行、证券机构、咨询机构及保险机构的海外布局，更好地为企业对外直接投资活动服务。

三是积极发展投资项目基金如私募股权投资基金和风险投资基金等，丰富企业融资渠道。此外，还可以鼓励企业在境外资本市场发行股票和债券，实现境外直接融资。在时机成熟时，企业还可以直接设立产业投资基金、股权投资基金等海外投资项目基金，直接吸纳东道国当地的民间资本。

四是鼓励金融创新。首先，要利用信息技术建立新型信息化金融市场。在当今"大数据"时代，金融市场也应该与时俱进，利用信息技术为企业OFDI搭建统一的供应链信息服务平台。这样，投资企业及其投资方、原材料供应方、产品代理方、货物运输保险方等都聚集在这个供应链信息平台上，通过这个信息平台一方面提高了供应链各环节企业间的合作效率，降低了信息搜寻成本和交易成本；另一方面可以通过在信息平台上的投融资信息发布带动供应链上企业的对外直接投资。此外，企业还可以在信息平台上获取其他的金融服务信息，比如投资的产品信息、市场动态等，帮助企业提高融资效率和投资效率。其次，继续支持和规范互联网金融的发展，要进一步建立和完善互联网金融相关的法律法规以及信用管理体系，加强互联网金融的风险控制，促进互联网金融健康有序发展，为企业拓展更广阔的融资渠道。

8.4　促进各地区金融协调发展

中西部地区的经济发展水平和金融发展水平都明显落后于东部地区，其金融发展对 OFDI 的促进作用也非常有限。2018 年《中国对外直接投资统计公报》的数据显示，2018 年中国对外直接投资流量和存量位列前十位的省（自治区、直辖市）80% 以上都在东部地区。未来在进一步促进东部地区金融发展的同时，也要兼顾中西部地区，中国金融资源向东部地区倾斜的现象非常明显，中西部地区的金融资源则比较缺乏。

一方面，政府应该制定差异化的金融发展战略，加强中西部和东部地区的金融合作，加大对中西部地区金融信贷政策倾斜的力度，合理分配金融资源，推动中西部地区建立完善的金融市场体系，促进中西部地区和东部地区均衡协调发展。具体来说，要采取措施提升中西部地区金融发展的总体规模，不断优化金融结构，提高金融市场效率，即储蓄投资的转化效率和资本配置效率。

另一方面，中西部很多省份刚好位于"一带一路"建设的关键区域，可以依托"一带一路"倡议，抓住发展机遇，鼓励中西部企业积极"走出去"，推进中西部地区与沿线各国在金融和经贸领域的合作，不断以合作带动中西部地区的经济社会发展，提高中西部地区的金融发展水平。

8.5　金融助力"一带一路"倡议，支持企业"走出去"

"一带一路"倡议作为中国首倡的国家级倡议，对于中国来说意义重大。自"一带一路"倡议提出以来，中国对"一带一路"沿线国家的 OFDI 发展十分迅速，未来中国对这些国家的投资还有很大的发展潜力。"一带一路"建设需要大量的资金，"一带一路"倡议下企业 OFDI 也需要大量的融资。因此，资金融通是推进"一带一路"建设深入推进的重要支撑。金融支持是一项系统工程，既要发挥好市场在金融市场资源配置中的基础性、决定性作用，

也要做好顶层设计，从体制上推进金融创新，应对"一带一路"倡议实施过程中的金融需求。

一是大力推动中国金融机构在"一带一路"沿线国家的布局，直接在东道国服务投资企业。目前中国金融机构的国际化发展水平较低，还难以满足我国企业对外投资过程中的金融服务需求。比如银行类金融机构的海外分支机构较少，而且大部分分布在发达国家，证券类金融机构的海外机构则更少。在当前中国对外直接投资高速增长的背景下，这种状况越来越难以满足企业在 OFDI 过程中日益增长的金融服务需求，限制了企业 OFDI 的步伐。因此，要加快推动金融机构在沿线国家的布局，充分发挥金融机构在投资咨询、项目评估、项目海外融资、风险保障、清算等领域的专业性，为投资于"一带一路"沿线国家的企业提供及时的离岸金融服务。

二是创新金融产品，满足企业多元化的融资需求。"一带一路"沿线国家区域跨度较大，沿线国家在经济、政治和文化发展方面的差异也比较大，大多数沿线国家属于发展中国家和转型经济体，因此企业面对的投资环境比较复杂。面对这种复杂多样的投资环境，投资企业也需要有多元化和多层次的金融产品。除了传统的直接融资和间接融资等方式外，要不断创新多元化的融资产品满足企业不同的融资需求。同时，也可以根据企业对外投资的项目特点，推出符合项目特点的融资产品，如投资项目收益证券化等。

三是创新金融保险及风险管理服务产品。许多"一带一路"沿线国家政治环境较差，经济发展水平也不高，企业在对这些国家进行 OFDI 时面临着很多风险，比如政局动荡引发的军事冲突，经济动荡引发的经济危机，由此可能带来货币资产贬值，汇率大幅波动等风险。那么这就需要金融市场为企业提供各种分散风险的工具。由于对外直接投资企业所处行业、发展阶段、财务状况、管理模式等各方面都存在差异，它们对保险包括保险覆盖范围、保险费费率、保险期限等的需求也会不同。但是当前我国金融机构在保险产品的设计上创新力度还不够，保险产品单一、缺乏有针对性的、多层次的及高度专业化的保险服务。比如我国的政策性金融机构中国进出口银行向企业提供的保险产品内容单一、保险费率高，而且保险内容覆盖的风险范围小，无法满足企业对外直接投资过程中的所有保险需求。因此，接下来，金融机构应该进行保险产品的创新，设计出多层次、多样化、专业化和更高端的金融

保险服务产品。高效的金融保险服务需要政府、政策性金融机构、商业保险机构等多方的共同参与。首先，要根据投资企业的实际情况、"一带一路"东道国市场的特点、投资产业的特点，设计出覆盖不同风险类型，不同保险标的、保险期限、保险费率的新型保险产品，满足不同的对外直接投资企业的差异化的保险需求；其次，金融机构要研发出相关的帮助投资企业实现资产保值和风险对冲的金融衍生工具，帮助企业进行风险管理，规避海外投资风险。

四是建立高效的资金清算体系，加快推动人民币的国际化进程。一方面，对于对外投资企业来说，在对外投资过程中资金的安全转移和结算很重要，企业在对投资项目进行可行性评估时，是否拥有安全高效的资金清算系统是他们做决策要考虑的一个重要因素。与此同时，随着中国企业对"一带一路"沿线国家投资的增加，这就意味着有大量资金会流入沿线国家，中国企业在沿线东道国投资经营，又会产生利润回流。伴随着资金在中国与"一带一路"沿线国家的频繁输入输出，企业对于安全高效的资金清算服务的需求增加，因此建立健全高效的资金清算体系对于企业对外直接投资是非常重要的。另一方面，伴随着中国与"一带一路"沿线国家资金结算的不断增加，为了解决结算过程中货币不统一带来的问题，企业对将人民币作为结算货币的需求增加，人民币一旦成为结算货币，企业就能规避汇率波动的风险。因此中国应该积极推进人民币的国际化进程，可以先将人民币提升为中国与"一带一路"沿线国家进行结算的区域性国际货币，尽早实现沿线国家之间在贸易投资领域的互联互通，提高贸易和投资的便捷性。

五是进一步加大对服务于"一带一路"的重点物流企业的融资支持，例如重大项目政府贴息、银行低息贷款等。因为企业对外直接投资会伴随着资本、生产设备、原材料等的转移，这需要花费大量的物流成本，物流成本太高势必会影响企业的投资收益。政府对"一带一路"重点物流企业提供优惠融资政策使物流企业成本下降，进而引起对外投资企业的物流费用降低，企业 OFDI 的利润增加，OFDI 规模扩大。

参考文献

[1] 白钦先. 金融结构、金融功能演进与金融发展理论的研究历程 [J]. 经济评论, 2005 (3): 39-45.

[2] 包群, 阳佳余. 金融发展影响了中国工业制成品出口的比较优势吗 [J]. 世界经济, 2008 (3): 21-33.

[3] 陈初昇, 刘晓丹, 衣长军. 海外华商网络、东道国制度环境对中国 OFDI 的影响——基于"一带一路"研究视角 [J]. 福建师范大学学报 (哲学社会科学版), 2017 (1): 79-86.

[4] 陈琳, 朱一帆. 金融发展对中国对外直接投资影响的实证研究 [J]. 华东师范大学学报 (哲学社会科学版), 2017 (5): 117-124.

[5] 陈培如, 冼国明, 马骆茹. 制度环境与中国对外直接投资——基于扩展边际的分析视角 [J]. 世界经济研究, 2017 (2): 50-61.

[6] 杜宽旗, 王静. 金融发展对 OFDI 逆向技术溢出效应的影响——基于中国省际面板数据的门槛回归分析 [J]. 企业经济, 2016 (3): 183-188.

[7] 杜思正, 冼国明, 冷艳丽. 中国金融发展、资本效率与对外投资水平 [J]. 数量经济技术经济研究, 2016 (10): 17-35.

[8] 郭杰, 黄保东. 储蓄、公司治理、金融结构与对外直接投资: 基于跨国比较的实证研究 [J]. 金融研究, 2010 (2): 76-90.

[9] 谷媛媛, 邱斌. 来华留学教育与中国对外直接投资——基于"一带一路"沿线国家数据的实证研究 [J]. 国际贸易问题, 2017 (4): 83-94.

[10] 韩剑. 母国服务业发展对企业对外直接投资影响——基于 OECD 国家数据的实证研究 [J]. 财贸经济, 2015 (3): 113-123.

[11] 韩立岩, 顾雪松. 中国对外直接投资是过度还是不足？——基于制度视角与跨国面板数据的实证研究 [J]. 科技与经济, 2013 (10): 21-33.

[12] 黄益平. 对外直接投资的"中国故事" [J]. 国际经济评论, 2014, (08): 20-33.

[13] 黄智淋, 董志勇. 我国金融发展与经济增长的非线性关系研究——来自动态面板数据门限模型的经验证据 [J]. 金融研究, 2013 (7): 74-86.

[14] 蒋冠宏, 张馨月. 金融发展与对外直接投资——来自跨国的证据 [J]. 国际贸易问题, 2016 (1): 166-176.

[15] 江伟. 金融发展、银行贷款与公司投资 [J]. 金融研究, 2011 (4): 113-128.

[16] 冀相豹. 中国对外直接投资影响因素分析——基于制度的视角 [J]. 国际贸易问题, 2014 (9): 98-108.

[17] 康继军, 张宗益, 傅蕴英. 金融发展与经济增长之因果关系——中国、日本、韩国的经验 [J]. 金融研究, 2005 (10): 20-31.

[18] 刘焕鹏. 金融发展对技术深化影响的门槛效应研究 [D]. 重庆: 重庆大学, 2015.

[19] 刘焕鹏, 严太华. OFDI 与国内创新能力关系中的"门限效应": 区域金融发展视角的实证分析 [J]. 科研管理, 2015 (1): 1-7.

[20] 黎欢, 龚六堂. 金融发展、创新研发与经济增长 [J]. 世界经济文汇, 2014 (2): 1-16.

[21] 李宏, 陆建明, 杨珍增, 等. 金融市场差异与全球失衡: 一个文献综述 [J]. 南开经济研究, 2010 (4): 3-20.

[22] 刘莉亚, 何彦林, 王照飞, 等. 融资约束会影响中国企业对外直接投资吗？——基于微观视角的理论和实证分析 [J]. 金融研究, 2015 (8): 17-31.

[23] 李梅. 金融发展、对外直接投资与母国生产率增长 [J]. 中国软科学, 2014 (11): 170-182.

[24] 雷蒙德·W. 戈德史密斯. 金融结构与金融发展 [M]. 周朔, 译.

上海：上海三联书店，1994.

[25] 李梅，柳士昌. 对外直接投资逆向技术溢出的地区差异和门槛效应
——基于中国省际面板数据的门槛回归分析 [J]. 管理世界，2012 (1)：21-31.

[26] 李苗苗，肖洪钧，赵爽. 金融发展、技术创新与经济增长的关系
研究——基于中国的省市面板数据 [J]. 中国管理科学，2015，23 (2)：162-169.

[27] 李梅，袁小艺，张易. 制度环境与对外直接投资逆向技术溢出
[J]. 世界经济研究，2014 (2)：61-66.

[28] 李青原，赵奇伟，李江冰，等. 外商直接投资、金融发展与地区资本
配置效率——来自省级工业行业数据的证据 [J]. 金融研究，2010 (3)：80-96.

[29] 刘莉亚，何彦林，王照飞，等. 融资约束会影响中国企业对外直接
投资吗？——基于微观视角的理论和实证分析 [J]. 金融研究，2015 (8)：
124-140.

[30] 刘亭亭，刘传哲. 中国金融发展与城乡居民收入差距关系的实证
研究——基于1978—2009年数据的检验 [J]. 特区经济，2011 (2)：23-25.

[31] 刘晓光，杨连星. 双边政治关系、东道国制度环境与对外直接投资
[J]. 金融研究，2016 (12)：17-31.

[32] 刘玉光，杨新铭，王博. 金融发展与中国城乡收入差距形成——
基于分省面板数据的实证检验 [J]. 南开经济研究，2013 (5)：50-59.

[33] 马轶群，史安娜. 金融发展对中国经济增长质量的影响研究——
基于VAR模型的实证分析 [J]. 国际金融研究，2012 (11)：30-39.

[34] 庞明川，刘雷. 制度距离、技术差距和政治风险——中国对发达国家
逆向投资的影响因素分析 [J]. 财经问题研究，2017 (9)：98-107.

[35] 潘文卿，张伟. 中国资本配置效率与金融发展相关性研究 [J].
管理世界，2003 (8)：18-23.

[36] 齐俊妍. 金融发展与贸易结构——基于HO模型的扩展分析 [J].
国际贸易问题，2005 (7)：15-19.

[37] 齐俊妍，王永进，施炳展，等. 金融发展与出口技术复杂度 [J].
世界经济研究，2011 (7)：91-118.

[38] 曲文俏，陈磊，刘春英. 政治风险、金融发展与中国对外FDI的
二元扩张 [J]. 武汉金融，2013 (10)：19-22.

[39] 屈文洲, 谢雅璐, 叶玉妹. 信息不对称、融资约束与投资现金流敏感性——基于市场微观结构理论的实证研究 [J]. 经济研究, 2011 (6): 105-117.

[40] 齐晓飞, 关鑫. 中国企业对外直接投资的母国制度解释——基于OFDI-S 模型的理论分析 [J]. 经济与管理研究, 2017 (8): 115-123.

[41] 荣大聂, 提洛·赫恩曼, 潘圆圆. 中国对发达经济体的直接投资: 欧洲和美国的案例 [J]. 国际经济评论, 2013 (1): 94-108.

[42] 饶华春. 中国金融发展与企业融资约束的缓解——基于系统广义矩估计的动态面板数据分析 [J]. 山西财经大学学报, 2009, 30 (11): 22-27.

[43] 施炳展. 金融发展提升贸易量的途径研究: 跨国经验分析 [J]. 经济经纬, 2011 (3): 82-85.

[44] 施炳展, 齐俊妍. 金融发展、企业国际化形式与贸易收支 [J]. 世界经济, 2011 (5): 42-73.

[45] 施炳展, 冼国民. 要素价格扭曲与中国工业企业出口行为 [J]. 中国工业经济, 2012 (2): 47-56.

[46] 沈红波, 寇宏, 张川. 金融发展、融资约束与企业投资的实证研究 [J]. 中国工业经济, 2010 (6): 55-64.

[47] 苏建军, 徐璋勇. 金融发展、产业结构升级与经济增长——理论与经验研究 [J]. 工业技术经济, 2014 (2): 139-149.

[48] 孙永强, 万玉琳. 金融发展、对外开放与城乡居民收入差距——基于1978—2008 年省际面板数据的实证分析 [J]. 金融研究, 2011 (1): 28-39.

[49] 唐礼智, 刘喜好, 贾璇. 我国金融发展与城乡收入差距关系的实证研究 [J]. 农业经济问题, 2008 (11): 44-48.

[50] 田巍, 余淼杰. 企业生产率和企业"走出去"对外直接投资: 基于企业层面数据的实证研究 [J]. 经济学, 2012, 11 (2): 383-408.

[51] 王碧珺. 被误读的官方数据——揭示真实的中国对外直接投资模式 [J]. 国际经济评论, 2013 (1): 61-74.

[52] 王碧珺, 谭语嫣, 余淼杰, 等. 融资约束是否抑制了中国民营企业对外直接投资 [J]. 世界经济, 2015 (12): 54-78.

[53] 王伟, 孙大超, 杨娇辉. 金融发展是否能够促进海外直接投资——

参考文献

基于面板分位数的经验分析 [J]. 国际贸易问题, 2013 (9): 120-131.

[54] 王勋. 金融抑制与发展中国家对外直接投资 [J]. 国际经济评论, 2013 (1): 51-60.

[55] 王昱, 成力为. 制度门槛、金融发展与对外直接投资 [J]. 世界经济研究, 2014 (5): 66-73.

[56] 王昱, 成力为. 创新投入、金融发展及对外投资的动态关系研究 [J]. 研究与发展管理, 2014 (10): 23-33.

[57] 王昱, 成立为, 王昊. 基于动态门限的制度质量、金融发展与 OFDI 影响研究 [J]. 运筹与管理, 2016 (10): 155-164.

[58] 武志. 金融发展与经济增长: 来自中国的经验分析 [J]. 金融研究, 2010 (5): 58-68.

[59] 项本武. 东道国特征与中国对外直接投资的实证研究 [J]. 数量经济技术经济研究, 2009 (7): 33-46.

[60] 徐清. 金融发展、生产率与中国企业对外直接投资 [D]. 天津: 南开大学, 2014.

[61] 徐世腾, 陈有志. 政治风险、自由贸易环境与我国企业 OFDI 地理布局——基于央企与地方企业的比较研究 [J]. 华东师范大学学报 (哲学社会科学版), 2017, 49 (2): 155-162.

[62] 徐忠, 徐荟竹, 庞博. 金融如何服务企业走出去 [J]. 国际经济评论, 2013 (1): 87-93.

[63] 余官胜. 东道国金融发展和我国企业对外直接投资——基于动机异质性视角的实证研究 [J]. 国际贸易问题, 2015 (3): 138-145.

[64] 余官胜, 李会粉. 横向、纵向抑或两者兼具——中国企业对外直接投资动机实证研究 [J]. 财贸研究, 2013, 24 (5): 79-85.

[65] 余官胜, 袁东阳. 金融发展是我国企业对外直接投资的助推器还是绊脚石——基于量和质维度的实证研究 [J]. 国际贸易问题, 2014 (8): 125-134.

[66] 闫丽瑞, 田祥宇. 金融发展与经济增长的区域差异研究——基于我国省际面板数据的实证检验 [J]. 宏观经济研究, 2012 (3): 99-105.

[67] 殷朝华, 郑强, 谷继建. 对外直接投资促进了中国自主创新吗——

基于金融发展视角的实证研究 [J]. 宏观经济研究，2017 (8)：69-85.

[68] 于洪霞，龚六堂，陈玉宇. 出口固定成本融资约束与企业出口行为 [J]. 经济研究，2011 (4)：55-67.

[69] 杨娇辉，王伟，谭娜. 破解中国对外直接投资区位分布的"制度风险偏好"之谜 [J]. 世界经济，2016 (11)：3-27.

[70] 杨俊，李晓羽，张宗益. 中国金融发展水平与居民收入分配的实证分析 [J]. 经济科学，2006 (2)：23-33.

[71] 阳佳余. 融资约束与企业出口行为：基于工业企业数据的经验研究 [J]. 经济学（季刊），2012，11 (4)：1503-1524.

[72] 余玲铮，魏下海. 金融发展加剧了中国收入不平等吗？——基于门槛回归模型的证据 [J]. 财经研究，2012 (3)：105-114.

[73] 杨楠，马绰欣. 我国金融发展对城乡收入差距影响的动态倒 U 演化及下降点预测 [J]. 金融研究，2014 (11)：175-190.

[74] 杨友才. 金融发展与经济增长——基于我国金融发展门槛变量的分析 [J]. 金融研究，2014 (2)：59-71.

[75] 袁云峰，曹旭华. 金融发展与经济增长效率的关系实证研究 [J]. 统计研究，2007，24 (5)：60-66.

[76] 赵春明，郭界秀. 金融发展与比较优势关系研究评述 [J]. 经济学动态，2010 (4)：126-130.

[77] 张林. 中国双向 FDI、金融发展与产业结构优化 [J]. 世界经济研究，2016，(10)：111-124.

[78] 赵明亮. 国际投资风险因素是否影响中国在"一带一路"国家的 OFDI——基于扩展投资引力模型的实证检验 [J]. 国际经贸探索，2017 (2)：29-43.

[79] 郑强. 对外直接投资促进了母国全要素生产率增长吗——基于金融发展门槛模型的实证检验 [J]. 国际贸易问题，2017 (7)：4-13.

[80] 赵奇伟. 东道国制度安排、市场分割与 FDI 溢出效应：来自中国的证据 [J]. 经济学（季刊），2003 (8)：18-23.

[81] 赵奇伟. 金融发展、外商直接投资与资本配置效率 [J]. 财经问题研究，2010 (9)：47-51.

[82] 赵奇伟, 张诚. 金融深化、FDI 溢出效应与区域经济增长: 基于 1997—2004 年省际面板数据分析 [J]. 数量经济技术经济研究, 2007 (6): 74-82.

[83] 朱彤, 郝宏杰, 秦丽. 中国金融发展与对外贸易比较优势关系的经验分析——一种外部融资支持的视角 [J] 南开经济研究, 2007 (3): 124-131.

[84] 张亦春, 王国强. 金融发展与实体经济增长非均衡关系研究——基于双门槛回归实证分析 [J]. 当代财经, 2015 (6): 45-54.

[85] 郑展鹏. 中国对外直接投资的地区差异、影响因素及溢出效应研究 [D]. 武汉: 华中科技大学, 2013.

[86] AGHION P, ANGELETOS G M, BANERJEE A, et al. Volatility and growth: credit constraints and the composition of investment [J]. Journal of monetary economics, 2010, 57 (3): 246-265.

[87] AGHION P, BACCHETTA P, BANERJEE A. Financial development and the instability of open economies [J]. Journal of monetary economics, 2004, 51 (6): 1077-1106.

[88] AGHION P, BOLTON P. A theory of trickle-down growth and development [J]. Review of economic studies, 1997, 64 (2): 151-172.

[89] ALIBER R Z. A Theory of direct foreign investment [M]. MA: MIT Press, 1970: 17-34.

[90] ALMEIDA H, CAMPELLO M, WEISBACH M S. Corporate financial and investment policies when future financing is not frictionless [J]. Journal of corporate finance, 2011, 17 (3): 675-693.

[91] AYYAGARI M, DEMIRGüçKUNT A, MAKSIMOVIC V. Formal versus informal finance: evidence from china [J]. Review of financial studies, 2010, 23 (8): 3048-3097.

[92] AYYAGARI M, DEMIRGüç-KUNT A, MAKSIMOVIC V. Firm innovation in emerging markets: the role of finance, governance, and competition [J]. Journal of financial & quantitative analysis, 2011, 46 (6): 1545-1580.

[93] AZMAN-SAINI W N W, LAW S H, AHMAD A H. FDI and economic

growth: new evidence on the role of financial markets [J]. Economics letters, 2010, 107 (2): 211-213.

[94] BAKER M, FOLEY C F, WURGLER J. Multinationals as arbitrageurs: the effect of stock market valuations on foreign direct investment [J]. Review of financial studies, 2009, 22 (1): 337-369.

[95] BANERJEE A V, NEWMAN A F. Occupational choice and the process of development [J]. Journal of political economy, 1993, 101 (2): 274-298.

[96] BECK T, DEMIRGüç-KUNT A, LEVINE R. A New database on the structure and development of the financial sector [J]. World bank economic review, 2000, 14 (3): 597-605.

[97] BECK T, DEMIRGüç-KUNT A, LEVINE R. Finance, inequality and the poor [J]. Journal of economic growth, 2007, 12 (1): 27-49.

[98] BECK T, LEVINE R. Stock markets, banks, and growth: panel evidence [J]. Journal of banking & finance, 2004, 28 (3): 423-442.

[99] BERMAN N, HéRICOURT J. Financial factors and the margins of trade: evidence from cross-country firm-level data [J]. Journal of development economics, 2010, 93 (2): 206-217.

[100] BERNARD A B, REDDING S J, SCHOTT P K. Multiproduct firms and trade liberalization [J]. NBER working papers, 2006, 126 (126): 1271-1318.

[101] BOULILA G, TRABELSI M. Financial development and long-run growth: evidence from tunisia: 1962-1997 [J]. Savings & development, 2004, 28 (3): 289-314.

[102] BUCH C M, KESTERNICH I, LIPPONER A, et al. Financial constraints and the margins of FDI [J]. Iaw Discussion Papers, 2009, 150 (2): 393-420.

[103] BUCH C M, KESTERNICH I, LIPPONER A, et al. Financial constraints and foreign direct investment: firm-level evidence [J]. Review of world economics, 2014, 150 (2): 393-420.

[104] BUCKLEY P J, CLEGG L J, CROSS A R, et al. The determinants

of Chinese outward foreign direct investment [J]. Journal of international business studies, 2007, 38 (4): 499-518.

[105] CABALLERO R J, FARHI E, GOURINCHAS P O. An equilibrium model of "global imbalances" and low interest rates [J]. CEPR discussion papers, 2006, 98 (1): 358-393.

[106] CAGGESE A, CUñAT V. Financing constraints, firm dynamics, export decisions, and aggregate productivity [J]. Review of economic dynamics, 2013, 16 (1): 177-193.

[107] CALDERóN C, LIU L. The direction of causality between financial development and economic growth [J]. Journal of development economics, 2003, 72 (1): 321-334.

[108] CFEENSTRA R, LI Z, YU M, et al. Exports and credit constraints under incomplete information: theory and evidence from China [J]. Journal of finance & economics, 2017, 96 (4): 729-744.

[109] CHAKRABORTY I. Does financial development cause economic growth? The case of India [J]. South Asia economic journal, 2008, 9 (1): 109 -139.

[110] CHAKRABORTY S, RAY T. Bank-based versus market-based financial systems: a growth-theoretic analysis [J]. Social science electronic publishing, 2001, 53 (2): 329-350.

[111] CHANEY T. Liquidity constrained exporters [J]. Journal of economic dynamics & control, 2013 (35).

[112] CHEN M X, MOORE M O. Location decision of heterogeneous multinational firms [J]. Journal of international economics, 2010, 80 (2): 188 -199.

[113] CHEUNG Y W, QIAN X. Empirics of China's outward direct investment [J]. Pacific economic review, 2009, 14 (3): 312 - 341.

[114] CHINN M D, ITO H. What matters for financial development? Capital controls, institutions, and interactions [J]. Journal of development economics, 2006, 81 (1): 163-192.

中国金融发展对对外直接投资的影响研究

[115] CLARKE G R G, XU L C, ZOU H F. Finance and income inequality: test of alternative theories [J]. Policy research working paper, 2003, 72 (3): 578-596.

[116] DEMIRGüç-KUNT A, MAKSIMOVIC V. Law, finance, and firm growth [J]. Social science electronic publishing, 1998, 53 (6): 2107-2137.

[117] DENIS D J, DENIS D K, SCHWERT G W. Leverage and investment in diversified firms [J]. Journal of financial economics, 2004, 79 (2): 317-337.

[118] DENIS D J, SIBILKOV V. Financial constraints, investment, and the value of cash holdings [J]. Review of financial studies, 2010, 23 (1): 247-269.

[119] DESAI M A, FOLEY C F, HINES J R. Foreign direct investment and the domestic capital stock [J]. American economic review, 2005, 95 (2): 33-38.

[120] DESBORDES R, WEI S J. The effects of financial development on foreign direct investment [J]. Journal of development economics, 2017, 127: 153-168.

[121] EATON J, TAMURA A. Bilateralism and regionalism in Japanese and U. S. trade and direct foreign investment patterns [J]. Journal of the Japanese & international economies, 1994, 8 (4): 478-510.

[122] ENRIQUE G MENDOZA, JOSé VíCTOR RíOS RULL. Financial integration, financial development, and global imbalances [J]. Journal of political economy, 2009, 117 (3): 371-416.

[123] FAZZARI S M, HUBBARD R G, PETERSEN B C, et al. Financing constraints and corporate investment [J]. Brookings papers on economic activity, 1988 (1): 141-206.

[124] FIRTH M, LIN C, WONG S M L. Leverage and investment under a state-owned bank lending environment: evidence from China [J]. Journal of corporate finance, 2008, 14 (5): 642-653.

[125] FRY M J. Money and capital or financial deepening in economic

developments? [J]. Money & monetary policy in less developed countries, 1978, 10 (4): 107-113.

[126] GALOR O, ZEIRA J. Income distribution and macroeconomics [J]. Review of economic studies, 1993, 60 (1): 35-52.

[127] GIRMA S, KNELLER R, PISU M. Exports versus FDI: an empirical test [J]. Review of world economics, 2005, 141 (2): 193-218.

[128] GOLDSMITH R W. Financial structure and development [J]. Studies in comparative economics, 1969, 70 (4): 31-45.

[129] GREENWALD B. Informational imperfections in the capital market and macro-economic fluctuations [J]. Social science electronic publishing, 1984, 74 (2): 194-199.

[130] GREENWOOD J, JOVANOVIC B. Financial development, growth, and the distribution of income [J]. Journal of political economy, 1990, 98 (5): 1076-1107.

[131] GURLEY J G, SHAW E S. Financial intermediaries and the saving-investment process [J]. Journal of finance, 1956, 11 (2): 257 - 276.

[132] HABIB M, ZURAWICKI L. Corruption and foreign direct investment [J]. Journal of international business studies, 2002, 33 (2): 291-307.

[133] HADLOCK C J, PIERCE J R. New evidence on measuring financial constraints: moving beyond the KZ index [J]. Review of financial studies, 2010, 23 (5): 1909-1940.

[134] HANSEN B E. Threshold effects in non-dynamic panels: estimation, testing, and inference [J]. Journal of econometrics, 1999, 93 (2): 345-368.

[135] HELPMAN E, MELITZ M J, YEAPLE S R. Export versus FDI with heterogeneous firms [J]. Scholarly articles, 2004, 94 (1): 300-316.

[136] HENNESSY C A, WHITED T M. How costly is external financing? Evidence from a structural estimation [J]. Journal of finance, 2007, 62 (4): 1705 - 1745.

[137] HUBBARD R G. Capital-market imperfections and investment [J]. Journal of economic literature, 1998, 36 (1): 193-225.

[138] HYMER S H. International operations of national firms [J]. Journal of international business studies, 1976, 9 (2): 103-104.

[139] JENSEN M C. Agency costs of free cash flow, corporate finance, and takeovers [J]. American economic review, 1986, 76 (2): 323-329.

[140] JORDAN SHAN. Does financial development 'Lead' economic growth? A vector auto-regression appraisal [J]. Applied economics, 2005, 37 (12): 1353-1367.

[141] JU J, WEI S J. Domestic institutions and the bypass effect of financial globalization [J]. American economic journal economic policy, 2010, 2 (4): 173-204.

[142] JU J, WEI S J. When is quality of financial system a source of comparative advantage? [J]. Journal of international economics, 2011, 84 (2): 178-187.

[143] KAPLAN S N, ZINGALES L. Do financing constraints explain why investment is correlated with cash flow? [J]. NBER working papers, 1995, 112.

[144] KING R G, LEVINE R. Finance and growth: schumpeter might be right [J]. Policy research working paper, 1993, 108 (3): 717-737.

[145] KLEIN M W, PEEK J, ROSENGREN E S. Troubled banks, impaired foreign direct investment: the role of relative access to credit [J]. American economic review, 2002, 92 (3): 664-682.

[146] KLETZER, KENNETH, BARDHAN, et al. Credit markets and patterns of international trade [J]. Journal of development economics, 1987, 27 (1): 57-70.

[147] KOJIMA K. Direct foreign investment: a japanese model of multinational business operations [J]. Review of world economics, 1978, 151 (3): 433-460.

[148] KOLSTAD I, WIIG A. What determines Chinese outward FDI? [J]. Journal of world business, 2012, 47 (1): 26-34.

[149] KRAVIS I B, LIPSEY R E. The location of overseas production and production for export by U. S. multinational firms [J]. Journal of international

economics, 1982, 12 (3-4): 201-223.

[150] KUIJS L. How will China's saving-investment balance evolve? [J]. Policy research working paper, 2010: 1-32 (32).

[151] LAEVEN L. Does financial liberalization reduce financing constraints? [J]. Social science electronic publishing, 2003, 32 (1): 5-34.

[152] LAMONT O, POLK C, SAá-REQUEJO J. Financial constraints and stock returns [J]. Review of financial studies, 1997, 14 (2): 529-554.

[153] LEVINE R. Financial development and economic growth: views and agenda [J]. Social science electronic publishing, 1997, 35 (2): 688-726.

[154] LEVINE R. Finance and growth: theory and evidence [J]. Social science electronic publishing, 2004, 1 (05): 37 - 40.

[155] LEVINE R, LOAYZA N, BECK T. Financial intermediation and growth: causality and causes [J]. Journal of monetary economics, 1999, 46 (1): 31-77.

[156] LI D. Beating the trap of financial repression in China [J]. Cato journal, 2001, 21 (1): 77-90.

[157] LOAYZA N V, RANCIèRE R. Financial development, financial fragility, and growth [J]. Journal of money credit & banking, 2006, 38 (4): 1051-1076.

[158] LOVE I. Financial development and financing constraints: international evidence from the structural investment model [J]. Review of financial studies, 2003, 16 (3): 765-791.

[159] MAESENEIRE W D, CLAEYS T. SMEs, foreign direct investment and financial constraints: the case of Belgium [J]. International business review, 2012, 21 (3): 408-424.

[160] MANOVA K. Credit constraints, equity market liberalizations and international trade [J]. Journal of international economics, 2008, 76 (1): 33-47.

[161] MANOVA K. Credit constraints, heterogeneous firms, and international trade [J]. NBER working papers, 2008, 80 (2): 711-744.

[162] MANOVA K. Credit constraints, heterogeneous firms and international trade [J]. Review of eonomic studies, 2013, 80 (2): 711 - 744.

[163] MCKINNON R I. Money and capital in economic development [M]. The brookings institution, 1973: 679 - 702.

[164] MORCK R, YEUNG B, ZHAO M. Perspectives on China's outward foreign direct investment [J]. Journal of international business studies, 2008, 39 (3): 337-350.

[165] MYERS S C, MAJLUF N S. Corporate financing and investment decisions when firms have information that investors do not have [J]. Social science electronic publishing, 1984, 13 (2): 187-221.

[166] PEERY J S, GURLEY J G, SHAW E S. Money in a theory of finance [J]. Western political quarterly, 1970, 13 (3): 812.

[167] PORTA R L, SHLEIFER A. Government ownership of banks [J]. Journal of finance, 2002, 57 (1): 265-301.

[168] PUGEL T A. The determinants of foreign direct investment: an analysis of US manufacturing industries [J]. Managerial & decision economics, 2015, 2 (4): 220-228.

[169] RAJAN R G, ZINGALES L. Financial dependence and growth [J]. Social science electronic publishing, 1998, 88 (3): 559-586.

[170] ROBERT G KING, ROSS LEVINE. Finance, entrepreneurship and growth [J]. Journal of monetary economics, 1993, 32 (3): 513-542.

[171] ROUSSEAU P L, WACHTEL P. Financial intermediation and economic performance: historical evidence from five industrialized countries [J]. Journal of money credit & banking, 1998, 30 (4): 657-678.

[172] ROUSSEAU P L, PAUL WACHTEL. What is happening to the impact of financial deepening on economic Growth? [J]. Economic inquiry, 2009, 49 (1): 276 - 288.

[173] SANFILIPPO M. Chinese FDI to Africa: what is the nexus with foreign economic cooperation? [J]. African development review, 2010, 22 (s1): 599 - 614.

[174] SAPIENZA P. The effects of government ownership on bank lending [J]. Journal of financial economics, 2004, 72 (2): 357-384.

[175] SCHMIDT C W, BROLL U. Real exchange-rate uncertainty and US foreign direct investment: an empirical analysis [J]. Review of world economics, 2009, 145 (3): 513.

[176] SHEN C H, LEE C C. Same financial development yet different economic growth: why? [J]. Journal of money credit & banking, 2006, 38 (7): 1907-1944.

[177] STOIAN C. Extending dunning's investment development path: the role of home country institutional determinants in explaining outward foreign direct investment [J]. International business review, 2013, 22 (3): 615-637.

[178] STULZ R M. Financial structure, corporate finance and economic growth [J]. International review of finance, 2010, 1 (1): 11-38.

[179] TALLMAN S B. Home country political risk and foreign direct investment in the United States [J]. Journal of international business studies, 1988, 19 (2): 219-234.

[180] TOWNSEND R M, UEDA K. Transitional growth with increasing inequality and financial deepening [J] . 2006, 01 (108): 251-293.

[181] WANG C, HONG J, KAFOUROS M, et al. What drives outward FDI of Chinese firms? Testing the explanatory power of three theoretical frameworks [J]. International business review, 2012, 21 (3): 425-438.

[182] WHITED T M, WU G. Financial constraints risk [J]. Review of financial studies, 2006, 19 (2): 531-559.

[183] YEAPLE S R. Firm heterogeneity and structure of U. S. multinational activity [J]. Journal of international economics, 2009, 78 (2): 206-215.